Peter Räfle

Das Ende
des Schreckens

Peter Räfle

Das Ende des Schreckens

Selbstverteidigung in Beruf und Alltag.
Eine Anleitung, um sich erfolgreich zu wehren.

HANSER

Bibliografische Information der Deutschen Nationalbibliothek
Die Deutsche Nationalbibliothek verzeichnet diese Publikation in der
Deutschen Nationalbibliografie; detaillierte bibliografische Daten
sind im Internet über http://dnb.d-nb.de abrufbar.

Dieses Werk ist urheberrechtlich geschützt.
Alle Rechte, auch die der Übersetzung, des Nachdruckes und der Vervielfältigung
des Buches oder von Teilen daraus, vorbehalten. Kein Teil des Werkes darf ohne
schriftliche Genehmigung des Verlages in irgendeiner Form (Fotokopie, Mikrofilm
oder ein anderes Verfahren), auch nicht für Zwecke der Unterrichtsgestaltung –
mit Ausnahme der in den §§ 53, 54 URG genannten Sonderfälle –, reproduziert
oder unter Verwendung elektronischer Systeme verarbeitet, vervielfältigt oder
verbreitet werden.

1   2   3   4   5   14 13 12 11

© 2011 Carl Hanser Verlag München
Internet: http://www.hanser.de
Lektorat: Martin Janik
Herstellung: Stefanie König
Umschlaggestaltung, Illustrationen und Satz:
Thomas Quack, Thomas Wirtz
Druck und Bindung: Firmengruppe APPL, aprinta druck, Wemding
Printed in Germany

ISBN 978-3-446-42523-1

Für meine Lieben
zu Hause

*Eine gute Abwehr entsteht nicht aus
Intelligenz oder körperlicher Kraft,
sie wächst vielmehr aus dem Wunsch
und dem Streben nach ihr!*

Gute Reise! Eine Einführung : 008

Teil 1
Die wichtigste Fähigkeit des Menschen ist die einer guten Abwehr!

Jeder will gewinnen : 018
Wohin mit dem Gefühl? : 022
Können Sie sich richtig wehren? : 023
Zehn Fragen zur Selbsteinschätzung: : 026
Wie gut können Sie sich wehren?
Prügelknabe und Mauerblümchen : 028
Die Sprache der Symptome : 033
Eine gute Abwehr – die wichtigste Fähigkeit des Menschen : 036
Das Maß ist voll – wenn die Seele überläuft : 039
Warum es manchmal besser ist, ein guter „Handwerker" zu werden : 041
Die eigene Freiheit beschränken : 044
Das Ende des Schreckens! : 046

Teil 2
Unter Druck kann man nicht denken!

Was wirklich zählt im Leben: eine sichere Abwehr! : 050
Runter mit den (negativen) Emotionen! : 054
Die Angst vor dem eigenen „Nein" : 058
Ich will Abstand: das IWA-Konzept der Effektiven Abwehr : 060
Grundformen sprachlicher Angriffe und deren Erkennung : 063
Die ersten drei Formen des menschlichen Abwehrverhaltens : 070
Die vierte Form des menschlichen Abwehrverhaltens : 074

Teil 3
Das Das-System, das Grundgerüst der erfolgreichen Abwehr

Anleitung zum Selbsttraining : 080
Für eine effektivere Abwehr braucht es nicht viel : 081
Die Wahl der Waffen entscheidet über Siegen und Verlieren : 082
Die Das-Sätze, das Grundgerüst der erfolgreichen Abwehr : 086
Das Team beginnt sich zu formieren : 089
Die erste Übung, um Ihre erfolgreiche Abwehr zu automatisieren : 090
Das aggressive „Du" schreit nach einem „Das" : 092
Die zweite Übung, um Ihre erfolgreiche Abwehr zu automatisieren : 096
Die ersten vier Grundregeln der Effektiven Abwehr : 098
Die dritte Übung: der erste „Schnelldurchlauf" : 104
Weg mit dem „Ich" und weg mit dem „Du"! : 106
Die besonderen Regeln für den Umgang mit Ihrem Chef oder mit Lehrern oder sonstigen autoritären Menschen : 112
Die effektivere Abwehr von Kränkungen und Beleidigungen : 116
Die Abwehr von „dummem Gerede" : 120
Die noch etwas freundlichere Art des Neinsagens : 122
Die vierte Übung: das Üben vor dem Schrank : 126

130	:	Der Umgang mit Situationen, in denen man nichts erreichen kann
132	:	Die Abwehr von Provokationen
134	:	Halten Sie den anderen auf: die Stoppregeln
134	:	Die fünfte Übung: Den anderen aufhalten
136	:	Die Abwehr übergriffigen Verhaltens – die Kunst der Diplomatie!
140	:	Die Abwehr unberechenbaren Verhaltens
144	:	Wenn die Wut doch einmal größer wird!
148	:	Die Ruhe nach dem Sturm …

Teil 3 — 三
Das Das-System, das Grundgerüst der erfolgreichen Abwehr

152	:	Noch eine kleine Einleitung
153	:	„Ich kann dann gar nicht glauben, was passiert"
155	:	„Manchmal bin ich eben zickig – das muss dann sein!"
156	:	„Am schlimmsten war es, dass ich mich so wehrlos fühlte"
159	:	Die effektivere Abwehr von Mobbing
164	:	Die sechste Übung: „Cool" bleiben!
166	:	Der Aufstand gegen Herrn Neu
170	:	Ein „Stundenplan" für Lehrer!
174	:	Die siebte Übung: der Umgang mit „Störenfrieden"
176	:	Die Richtung verändern – konstruktive Lösungen im Berufsalltag
178	:	Das Lösen von Konflikten mit „ausgesuchter" Höflichkeit
180	:	Die achte Übung: „Gute Miene" zum (Rollen-)Spiel machen
182	:	„Wenn du gehst, dann mach ich Schluss mit dir!"
184	:	Die neunte Übung: das Abweisen von Vorhaltungen
186	:	Das etwas andere Schlagfertigkeitstraining
188	:	Die Effektive Abwehr, wenn man Sie „vor den Kopf stößt"
190	:	Die neurotische Abwehr von Komplimenten
192	:	„Mach ja mein Kind nicht mehr an!" – Die Abwehr von sozialem Mobbing gegen Kinder und Jugendliche
195	:	Von den „Schäfchentypen", die angeblich nicht „Nein" sagen können – Druckabwehr für Führungskräfte!

Teil 4 — 四
Erfahrungen …

202	:	Aller Anfang ist schwer
204	:	Der Berg in unserem Kopf oder das Nadelöhr der Motivation
206	:	Die zehnte Übung: Das kann ich schon – das üb' ich noch!
208	:	Verlockend wenig! – Wege zur Selbstmotivation

Teil 5 — 五
Übung macht den Meister

216	:	Das Ende der ersten Etappe …
220	:	Anmerkungen – Literatur
221	:	Autorenporträt – Dank
222	:	Gestaltung des Buches

Teil 6 — 六
Der Weg wird zum Ziel

Gute Reise!
Eine Einführung

Liebe Leserin und lieber Leser,
herzlich willkommen zu einer Reise der ganz besonderen Art, einer „Entdeckungsreise" ins Land der Psychotherapie. Steigen Sie ein und erlauben Sie mir, Sie – zusammen mit dieser kleinen Anleitung als Ihrer „Reiselektüre" – dabei ein Stück zu begleiten. Das Ziel dieser kleinen Reise ist etwas, das gar nicht so viele besitzen und das doch etwas so Wichtiges für jeden von uns darstellt: Eine Grundfertigkeit also, etwas, was Sie vermutlich schon des Öfteren schmerzlich vermisst haben, nämlich die Fähigkeit, sich gegen Druck und aggressives Verhalten anderer angemessen und erfolgreich zu wehren.

Am Ende dieser kurzen Anleitung werden Sie die dazu notwendigen Mittel zur Verfügung haben, um sich (endlich) besser und erfolgreicher als jemals zuvor gegen Druck, Ärger, Streit und die vielen anderen Gemeinheiten, denen man immer wieder begegnen kann, wehren und behaupten zu können.

Auf dem Weg dahin stelle ich Ihnen einige Menschen vor, mit denen Sie vielleicht manche Gemeinsamkeiten entdecken, und Sie werden möglicherweise Situationen wiedererkennen, die denen ähneln, die Sie vielleicht selbst schon einmal durchlebt haben.

Wenn Sie möchten, werden Sie auch etwas mehr darüber erfahren, wie Druck und Aggressionen in ganz alltäglichen Situationen z. B. im Alltag, am Arbeitsplatz oder in Partnerschaften entstehen und wie Sie solche Situationen rechtzeitig erkennen können.

Danach werden Sie durch ein kleines und sehr einfaches Lernprogramm kommen, mit dem Sie Ihre neue Fähigkeit, sich effektiver zu wehren, trainieren können, eines, mit dem Sie sich bestimmt schnell anfreunden werden (weil es so leicht und einfach ist).

Ihre Fahrt geht damit weiter, dass Sie anderen bei deren positiv und erfolgreich verlaufenen Erfahrungen zuschauen dürfen: wie diese gelernt haben, sich besser zu wehren und sich dadurch zu behaupten.

Kurz vor dem Ende Ihrer Reise haben Sie auch noch die Gelegenheit zu einem kurzen Ausflug zu der etwas abgelegeneren Insel der Motivation.

Danach stehen Sie dann auf der Reling Ihres eigenen Schiffes oder Sie sitzen am Steuer Ihres eigenen Wagens und blicken mit beiden Augen nach vorne in eine etwas entspanntere und stressfreiere Zukunft.

Doch lassen Sie mich diese Reise zuerst damit beginnen, dass ich Ihnen als Ihr Reisebegleiter noch kurz davon berichte, wie diese Reise entstanden ist.

Diese kleine Anleitung handelt von der Verhinderung und der Abwehr von Druck, Ärger und vieler anderer, offenerer oder versteckterer Formen psychischer Gewalt und der sie begleitenden Angst, so wie sie (tagtäglich) in Beziehungen und im Alltag entstehen. Dabei sind Druck, Ärger und psychische Gewalt nichts speziell Männliches oder Weibliches, sie sind vielmehr mit dem dominant-aggressiven Verhalten des Einzelnen verbunden. Das ist geschlechtsunabhängig, wenn auch Männer deutlich häufiger als Frauen zu körperlicher Gewalt greifen.

Das System der Effektiven Abwehr, das ich Ihnen in diesem Buch vorstellen möchte, dient dazu, sich mit wenigen einfachen sprachlichen Mitteln erfolgreich gegen krank machenden Druck und psychische Gewalt zu behaupten. Gegen Aggressionen, die andere auf uns ausüben und manchmal auch wir selber.

Der Entstehung dieses Buches ging voraus, dass mich meine Frau vor mehr als zehn Jahren im Alter von 39 Jahren dazu überredete, gemeinsam eine aus China stammende Selbstverteidigungs-Kampfsportart zu erlernen, das WingTsun (abgekürzt WT genannt), eine spezielle Form des Kung-Fu.

In den dann folgenden Jahren erfuhr ich so allmählich, wie gut es sich anfühlt, sich besser mit den eigenen Händen und Füßen wehren zu können. Ich fing an, mich freier und gelassener auf Plätzen und in Situationen zu bewegen, wo ich mich früher eher unwohler und zurückhaltender gefühlt hatte. Ich lernte, dass ich mich gegenüber fremden Menschen besser behaupten und mich angstfreier und selbstsicherer unter etwas aufgeregten, aggressiv-angespannten Menschen bewegen konnte.

Ich spürte, wie schön und wohltuend sich diese gewachsene Selbstsicherheit anfühlte, wie gut es war, Aggressionen und Druck mit den eigenen Händen und Füßen abzuwehren und im Fall einer Auseinandersetzung damit andere auf Distanz halten zu können. Und dass es zwar Ausdauer und eine gewisse Regelmäßigkeit der Übungen von mir erforderte, dass das aber Eigenschaften waren, die sich im Laufe des Trainings als durchaus ausbaufähig in mir erwiesen.

Nach und nach erkannte ich dabei, dass die Grundregeln der Distanzherstellung zur Abwehr körperlicher Gewalt in der Selbstverteidigung, so wie ich diese im disziplinierten Kampfsport lernte, auch auf die nicht körperliche Ebene, auf die sprachliche Ebene der Auseinandersetzungen übertragbar waren und dabei sehr einfach und leicht verständlich bleiben.

Als Psychiater und Psychotherapeut, der seine psychotherapeutische Ausbildung in der von Sigmund Freud entwickelten psychodynamischen/psychoanalytischen Psychotherapie erhalten hatte (einer, verkürzt ausgedrückt, konfliktverstehenden Therapieform, die dem Einzelnen über dessen verbessertem Konfliktverständnis mehr Hilfe zur Selbsthilfe an die Hand geben und diesen damit stärken möchte), begann ich so besser zu verstehen, wie zentral und wie „überlebensnotwendig" die Abwehr des „alltäglichen Drucks" und der vielen kleineren und größeren, versteckteren und offeneren Formen von Aggressionen für die seelische Ausgeglichenheit eines jeden Menschen ist. Und wie sehr unsere allgemeine Zufriedenheit, unser Wohlbefinden und unsere Gesundheit, aber auch unsere allgemeine Leistungsfähigkeit von einer guten und erfolgreichen Abwehr von Druck und Aggressionen abhängig sind.

Ich begriff, dass es häufig nicht ausreicht, negative Gedanken und Verhaltensmuster oder selbstschädigende Konflikte „nur" zu verstehen, zu analysieren und dadurch verändern zu wollen. Und dass es häufig auch nicht ausreicht, die Patienten positiv-motivierend zu unterstützen, um besser an ihre Ressourcen und Stärken heranzukommen. Sondern dass eine moderne, zeitgemäße Psychotherapie darüber hinaus dem Einzelnen noch sehr viel einfachere und praktisch anwendbarere Möglichkeiten zur Bewältigung seiner schwierigen Alltagskonflikte an die Hand geben kann.

Der überwiegende Teil der Patienten, die in meine psychotherapeutische Praxis kommen, berichten von Problemen, die ihren Ursprung haben im dominant-aggressiven Verhalten anderer mit ihnen. Diese entstehen im Alltag, am Arbeitsplatz und in der eigenen Familie. Im Mittelpunkt steht dabei entweder der direkte und offene oder der mehr indirekte, versteckte Druck, dem sie sich durch das aggressiv-dominante Verhalten von Kollegen, Vorgesetzten, Ehe- oder Lebenspartnern sowie von wildfremden Menschen im Alltag ausgeliefert fühlen.

Lehrer, die in meine Praxis kommen, erzählen von aggressiven Schülern, mit denen sie sich ermüdende und ihre Arbeit erschwerende Machtkämpfe liefern, andere von plötzlich einsetzendem Mobbing bis hin zu Führungskräften, die sich dem ständigen Druck überhöhter Anforderungen oder rivalisierender Konkurrenten ausgesetzt fühlen. Allen gemeinsam ist, dass sie sich irgendwann ratlos fühlen, wie sie sich in rivalisierenden Auseinandersetzungen und in persönlichen Konfliktsituationen anderen gegenüber angemessener und erfolgreicher wehren und behaupten können.

Es musste deshalb etwas her, das ganz generell und in sehr vielen, unterschiedlich aggressiv gefärbten Situationen als nur in der jeweils aktuellen Konfliktsituation anwendbar und wirksam wäre.

Also so ähnlich wie ein Adapter, der auf sehr viele verschiedene technische Geräte passt.

Das System der Effektiven Abwehr ist auch aus den Gesprächen und den Erfahrungen meiner Patienten entstanden, aus ihren Wünschen nach einer etwas praktischer angelegten Psychotherapie, die es mir ermöglichten, das System einer effektiven und erfolgreichen Abwehr zu entwickeln. Deshalb möchte ich mich schon an dieser Stelle sehr herzlich bedanken für das Vertrauen, das Interesse und die Bereitschaft, die sie aufgebracht haben, um ein neues Therapie- und Selbsthilfeverfahren zu erlernen und anzuwenden.

Was ich Ihnen also in diesem Buch vorstellen möchte, ist ein neuer (selbst)therapeutischer Ansatz, ein einfaches und leicht zu verstehendes System des Sich-mit-der-Sprache-Wehrens. Ein modernes, therapeutisch sehr wirksames Verfahren, um sich unempfindlicher zu machen gegen (ungerechtfertigte) Kritik und gegen die meisten offenen oder versteckteren Formen von Druck und Aggressionen sowohl von außen als auch manchmal aus uns selbst heraus. Und um dadurch gleichzeitig sowohl stärker als auch selbstsicherer zu werden!

Das hier vorgestellte System einer erfolgreichen Abwehr erfüllt diese grundsätzliche Forderung der Patienten (und ihrer Therapeuten). Es besteht im Kern nur aus einigen wenigen, sehr kurzen sogenannten „Das-Sätzen", einer Wiederholungsregel und einer Art „Verzichtserklärung". Diese Beschränkungen sind die Grundlage für die generelle, also die sehr breite Anwendbarkeit des Systems der Effektiven Abwehr von Druck und Aggressionen. Das Ergebnis ist deshalb eine ganz neue und zugleich effektivere Möglichkeit, sowohl was die Vorbeugung von Krankheiten, die (Mit-)Behandlung bzw. die Abwehr als auch die Wiederherstellung des persönlichen Wohlfühlfaktors in Beziehungen aller Art betrifft.

Seitdem haben sehr viele Patienten in meiner psychotherapeutischen Praxis dieses System einer effektiveren Abwehr gelernt und für sich gewinnbringend eingesetzt. Vielen war es eine Annäherungshilfe auf dem Weg zu mehr Angstfreiheit und Unabhängigkeit in ihren Beziehungen und manchen auch eine Entscheidungshilfe. Im Alltag, im Privaten und im Beruf.

Ich möchte, liebe Leserinnen und liebe Leser, Ihnen an dieser Stelle gerne noch kurz erzählen, was meine ehemalige Psychiatrieprofessorin in Freiburg, Frau Prof. Kindt uns Studenten während einer ihrer Vorlesungen zur psychosomatischen Medizin zu bedenken gab:
Durch das Lesen eines Buches allein sei noch niemand geheilt worden, man könne zwar klüger oder schlauer werden, ein gutes Buch solle seine Leser auch gut unterhalten, aber dass man allein durch das Lesen eines Buches etwas in seinem Leben ändern könne, nein, das habe sie noch nicht erlebt!

2009 hat Frau Kindt dann einen Artikel in einer Zeitschrift[01] veröffentlicht, in der sie der unter analytisch ausgebildeten Psychotherapeuten weitverbreiteten Lehrmeinung entgegentrat, dass es für Psychotherapeuten, die nach dem psychoanalytisch ausgerichteten Therapieverfahren arbeiten, zwingend erforderlich sei, eine therapeutische Selbsterfahrung zu machen. Stattdessen sei eine gute Anleitung zum Umgang mit den therapeutischen

Mitteln, die einem als Psychotherapeut zur Verfügung stehen würden, für den Erfolg einer psychotherapeutischen Behandlung viel wesentlicher.

Ich habe versucht, bei der Entstehung und dem Schreiben dieser kleinen Anleitung diese beiden Gedanken von Frau Kindt zum Grundprinzip dieses Buches werden zu lassen. Deshalb haben Sie zum einen die Möglichkeit, einige für Sie vielleicht hilfreiche Informationen zu bekommen und etwas mehr zu erfahren über das vielfältige Auftreten von Aggressionen in den verschiedensten Ausdrucksformen, die alle über die Sprache ausgeübt werden. Zum anderen erhalten Sie mit dem dritten Teil in diesem Buch ein kleines und sehr einfaches Lern- und Trainingsprogramm zum Umgang mit den technischen Mitteln, die Sie benötigen, um sich in Zukunft effektiv(er) gegen Druck und Aggressionen behaupten zu können. Eine Technik, die leicht zu verstehen ist und die Sie mit etwas Übung bald beinahe wie selbstverständlich, fast automatisch werden anwenden können. Beides gemeinsam, das Lernprogramm und das Wissen über Druck und Aggressionen, soll Ihnen nicht nur dabei helfen, unempfindlicher dagegen zu werden, sondern sich vor allem kräfteschonender, angemessener und erfolgreicher gegen andere wehren und behaupten zu können.

Und sollten Sie sich gerade in einer psychotherapeutischen Behandlung befinden, nutzten Sie doch die Gelegenheit und sprechen mit Ihrer Therapeutin oder Ihrem Therapeuten darüber.

In meiner psychotherapeutischen Arbeit schöpfe ich häufig aus dem Erfahrungsschatz, der in den Sätzen und den Regeln des Volksmundes enthalten ist. Auch in diesem Buch greife ich deshalb immer wieder auf diese Weisheiten zurück. Sie werden diese alle kennen, sie alle irgendwann gehört oder gelesen haben. Im Volksmund wurden diese Sätze ja aufgenommen, weil sie der (sprachliche) Ausdruck richtungsweisender Erfahrungen sehr vieler Menschen und Generationen sind.

Darüber hinaus setze ich viele Begriffe des alltäglichen Sprachgebrauchs in „Anführungszeichen", um damit die ursprüngliche Bedeutung und die Entstehung dieser Begriffe „hervorzuheben". Die meisten der von mir in Anführungszeichen gesetzten Begriffe haben ihren Ursprung in den Bereichen „Abwehr" und „Angriff" und sollen damit die besondere Bedeutung unterstreichen, die diese beiden Bereiche für unser gesamtes Leben und für unser „Überleben" besessen haben und noch immer besitzen.

Und zum Schluss habe ich noch am Ende einzelner Kapitel einige kleinere Erläuterungen spezieller Abwehrtechniken aus dem WingTsun (WT) hinzugefügt, um Ihnen so einige der Gemeinsamkeiten einer körperlichen und sprachlichen Abwehr zeigen zu können.

Die Techniken des WingTsun wurden übrigens der Legende nach von einer Frau entwickelt.

Bevor wir jetzt die Reise gemeinsam fortsetzen können, möchte ich Ihnen gerne noch einen Satz von Barack Obama, dem amerikanischen Präsidenten, mit auf den Weg geben, der mir sehr gefallen hat. Er schrieb im Prolog zu seinem Buch *Hoffnung wagen*[02] Folgendes:

: Was ich anbiete, ist wesentlich bescheidener ...

Barack Obama wollte damit wohl ausdrücken, dass er trotz vieler und hoher Erwartungen anderer keine fertigen Lösungen habe.

Dem möchte ich mich gerne anschließen. Was ich Ihnen deshalb leider nicht bieten kann, ist eine Lösung oder das Ende Ihrer Konflikte. Was ich Ihnen aber anbiete, ist die feste Überzeugung, dass Sie sich nach dem Lesen dieses Buches besser gegenüber Ihren „Quälgeistern" behaupten können. Dass Sie zunehmend in der Lage sein werden, den Druck anderer auf Abstand zu halten, Aggressionen schon im Ansatz zu unterbrechen und sich in diese nicht mehr so leicht mit hineinziehen zu lassen. Dazu reichen für den Anfang schon einige wenige Übungseinheiten! Damit ist diese kleine Anleitung als Hilfe zur Selbsthilfe angelegt, mit der Sie sich in Zukunft besser wehren können gegen Druck, Provokationen, Gemeinheiten und die vielen anderen Formen von Aggressionen, die es in dieser Welt leider gibt.

Ich bin mir durchaus bewusst, dass sich jetzt vielleicht manche von Ihnen enttäuscht fühlen könnten. Vielleicht hofften manche eine Technik lernen zu können, mit der sie ihren aggressiven Quälgeist zu Hause oder am Arbeitsplatz besiegen könnten. Doch das ist nicht das Ziel der Effektiven Abwehr. Das Ziel einer guten Abwehr ist nicht auf das Gewinnen eines Kampfes ausgerichtet, sondern auf das Vermeiden einer Niederlage.

Das bedeutet allerdings auch, dass man mit (zu viel) Selbstmitleid und mit dem Verharren in der Opferrolle genauso wenig erreicht, wie mit Gegenaggressionen.

Effektiv wird Ihre Abwehr erst, wenn Sie Ihren Platz, Ihren „Standpunkt" behaupten können und dabei möglichst wenig Kraft und Energie verbrauchen. Trotzdem möchte ich auch diejenigen, die „endlich einmal" den Sieg über ihr dominant-aggressives Gegenüber erringen möchten, gerne dazu ermutigen, in dieser kleinen Anleitung weiterzulesen. Denn Sie finden darin eine risikoärmere, eine erfolgreichere und eine effektivere Lösung für viele angespannte Situationen im Alltag, im Beruf und für zu Hause.

Liebe Leserin und lieber Leser, diese kleine Anleitung soll Ihnen eine wirksame Hilfe zur Selbsthilfe werden oder Ihnen – wenn Sie psychotherapeutische Erfahrungen haben – ein in dieser Form ziemlich neues therapeutisches Mittel für Ihre praktische psychotherapeutische Arbeit sein und Sie darüber hinaus beim Lesen auch gut unterhalten.

In diesem Sinne wünsche ich Ihnen eine „schöne Reise" und viele Erfolge beim Ausprobieren und Anwenden dieser neuen, effektiveren Abwehrform!

Eine gute Abwehr :

— Teil 1

Vermeide es, deinen Gegner anzugreifen, :
denn du wirst nicht wirklich sicher sein können,
diesen im Kampf zu besiegen.

: die wichtigste Fähigkeit des Menschen

: Zeige ihm stattdessen,
   dass du in der Lage bist,
   ihn gebührend auf Abstand zu halten.

Jeder will gewinnen …

Jeder will gewinnen, es gelingt uns nur nicht immer! Dieses Buch ist deshalb für die (vielen) Menschen geschrieben, die sich in ihrem Leben besser als bisher behaupten wollen, und die es nicht immer leicht haben, sich so angemessen zu wehren, wie sie es sich wünschen. Für die, die zu Hause vielleicht einen (zu) dominanten Partner haben, und für alle, die in Auseinandersetzungen und in Machtkämpfen aller Art, in Dominanz- oder Mobbingkonflikten, das Gefühl haben, der Verlierer zu bleiben. Aber auch für die, die sich in ihrem Leben zu häufig entschuldigt haben und sich immer noch täglich rechtfertigen (müssen), egal ob zu Hause, am Arbeitsplatz oder unter Bekannten. Für alle diejenigen, die das alles nicht mehr ertragen wollen oder können. Die nicht (mehr) so schnell aufgeben wollen und die sich – mit angemessenen Mitteln – anderen gegenüber lieber auf Augenhöhe behaupten möchten, anstatt zu oft einem Streit oder einer Disharmonie auszuweichen.

Manchmal neigen wir auch dazu, uns selbst zu überschätzen oder uns zu unterschätzen. Die eigenen Kräfte realistisch zu überblicken und die Chancen sicher einzuschätzen, ob man wirklich in der Lage ist, eine aggressive Auseinandersetzung zu gewinnen, das ist (fast) unmöglich.

> Das hat – als besonders extremes Beispiel – der Fall Dominik Brunner gezeigt, der 2009 in München mehreren Kindern helfen wollte, die von drei gewaltbereiten jungen Erwachsenen bedrängt und eingeschüchtert wurden, und der dabei starb.

Dieser Mann, der sogar Kampfsporterfahrung besaß, wollte sich – mit 50 Jahren! – nicht nur darauf beschränken, den aggressiven Übergriff auf die bedrängten Kinder abzuwehren, was für ihn gut möglich gewesen wäre, sondern er ließ sich aus eigenem Antrieb heraus dazu hinreißen, einen Kampf aufzunehmen und den ersten Schlag zu machen. Am Ende verlor er nicht nur den Kampf, sondern starb auch noch an Herzversagen als unmittelbare Folge seiner Fehleinschätzung!

Druck und mit der Sprache geführte aggressive Auseinandersetzungen sind für viele Menschen keine Seltenheit in ihrem privaten oder beruflichen Umfeld. Meistens zwar nur „ausgedrückt" über Drohungen, Beleidigungen, Kränkungen und sonstige seelische Verletzungen, aber viel zu oft erfolgreich für den Angreifer. Dass diese – häufig alltäglichen – Aggressionen nicht am Ende zu seelischen oder körperlichen Krankheiten führen, dass das auch anders geht, erfolgreich und auf die jeweils eigenen Möglichkeiten zugeschnitten, dafür ist diese „kleine Anleitung" geschrieben worden.

Sie alle, die Sie sich für dieses Buch interessieren und es bis hierher gelesen haben, haben von Ihren Vorfahren her auch kämpferische Anteile in sich. Die meisten Menschen neigen instinktiv im Moment der Konfliktentstehung dazu, mitzukämpfen und gewinnen zu wollen. Vielleicht sind Sie sich dessen nicht bewusst, weil Sie sich anders entwickelt haben als Ihr dominanterer Quälgeist zu Hause oder am Arbeitsplatz. Die Neigung zum Mitkämpfen wurde Ihnen trotzdem über Ihre Gene weitervererbt, obwohl Sie vermutlich durch unterschiedliche Erziehungs- und Umwelterfahrungen weniger aggressiv als diese geformt und geprägt wurden. Aber auch wenn wir uns dessen nicht bewusst sind, es ist ein Teil der menschlichen Natur, die in uns steckt. Selbst wenn wir uns manchmal anders wahrnehmen, z. B. als Angegriffener, als Opfer, als Verlierer.

Meistens dauert es ziemlich lange, bis man einsieht, dass man die von außen an einen herangetragenen, aggressiven Konflikte nicht gegenaggressiv lösen kann, und dass man den ständig wiederkehrenden Druck ohne den Verstand, ohne die eine oder andere „Einsicht" nicht mehr los wird.

„Nur der Schlaue gewinnt", sagt der Volksmund.

Bis wir begreifen, dass man zwar an einem guten Tag oder mit etwas Glück den einen oder anderen aufgezwungenen Machtkampf gewinnen kann, aber dass sich so ein Erfolg nicht täglich wiederholen lässt und Machtkämpfe deshalb auf Dauer nicht wirklich zu gewinnen sind. Dazu gehört auch, die unrealistische Hoffnung aufzugeben, man könnte eine von einem dominant-aggressiven Gegenüber aufgezwungene Auseinandersetzung (langfristig) gewinnen.

Eine falsche, weil unrealistische Hoffnung wirkt wie eine Fessel, die einen bindet, sie kann größer oder kleiner sein, aber solange sie besteht, bleibt sie eine Fessel!

Wing Tsun

Die der Legende nach ursprünglich zur Abwehr von Übergriffen und körperlicher Gewalt gegen Frauen entwickelte spezielle Selbstverteidigungstechnik des WingTsun, die ich Ihnen in dieser „kleinen Anleitung" am Ende einzelner Kapitel zusätzlich vorstellen möchte, wurde von einer Frau, einer Nonne mit dem Namen Ng Mui aus dem Shaolin-Kloster, in China entwickelt.

Verzichten wir also auf das Mitkämpfen und entscheiden uns stattdessen dafür, die Qualität unserer Abwehr zu unserer „Kampfkunst" werden zu lassen. Diese zu verbessern und effektiver zu gestalten. Dann behaupten wir uns am Ende auch wieder auf Augenhöhe! Denn nur ein angemessener Umgang mit Druck und Aggressionen sichert die Grundlagen für Angstfreiheit, Selbstvertrauen und Selbstsicherheit im Umgang mit anderen.

詠春

Davor soll sie lange Zeit darüber nachgedacht haben, wie eine Kampfkunst beschaffen sein müsste, die auch einen schwächeren Menschen befähigen würde, einen aggressiveren und erfahreneren Gegner zu besiegen. Die wichtigsten Merkmale des neuen, „WingTsun" genannten Systems, sollten später die einfachen und anpassungsfähigeren Bewegungen sein und ihr Einsatz gegen jede Art des Kampfes sowie der dazu erforderliche ökonomischere Kraftaufwand.

Wohin mit dem Gefühl?

Psychische Störungen bedeuten für den Einzelnen, dass er schon zu viele und/oder zu massive seelische Belastungen „geschluckt" hat. Mehr oder weniger schwere, sich wiederholende Kränkungen, Verletzungen, Enttäuschungen, Ungerechtigkeiten und Niederlagen.

Der Volksmund spricht dann vom „armen Schlucker".

Einmalige Kränkungen, Enttäuschungen, Ungerechtigkeiten und Niederlagen sind zwar unangenehm und schmerzhaft, aber sie hinterlassen in den meisten Fällen keine größeren Wunden und Narben. Wiederholen sich diese Kränkungen und Verletzungen jedoch zu oft, so wird es immer schwieriger, „mit heiler Haut davonzukommen". Bis es zuletzt zu viel wird und der Betroffene mit psychischer oder körperlicher Krankheit reagiert: „Das Maß ist dann (eben) voll."

Können wir, wenn wir uns unter Druck gezwungen sehen, nachzugeben oder zu fliehen, unseren Ärger oder unsere Wut noch angemessen „zum Ausdruck bringen", dann haben wir zumindest ein Ventil für unsere daraus entstehenden, eigenen Aggressionen. „Deaktivieren" wir uns aber stattdessen mit einer gegen uns selbst gerichteten, oftmals unbewussten Wut, Verachtung und Selbstentwertung, hat das zur Folge, dass unser „Fass", also unser seelischer Speicher, überläuft.

Können Sie sich richtig wehren?

Da ein großer Teil der Psychotherapiepatienten unter (zum Teil sehr ausgeprägten) Dominanz- und Aggressionskonflikten zu leiden hat, in denen sich ihre Fähigkeit, sich erfolgreich zu wehren, als entscheidend erweist für deren psychisches Wohlbefinden und deren weitere Gesundheit, stelle ich den Patienten meistens schon im Verlauf ihrer ersten Sitzung die folgende Frage: „Haben Sie das Gefühl, sich angemessen wehren zu können?" Dann antwortet ein Teil mit: „Nein, nicht so gut, glaube ich", andere mit: „Das weiß ich nicht so genau, es kommt darauf an, was es ist", und manche mit: „Ich glaube, dass ich das viel zu selten mache. Ich lasse ziemlich viel zu, bevor ich mich wehre."

Darauf antworte ich dann meistens mit dem Hinweis, dass ich das Gefühl hätte, dass eventuell auch Dominanzkonflikte ein Problem in ihrem Leben darstellen würden. Konflikte, an die sie sich zwar vielleicht schon gewöhnt hätten, die ihnen aber trotzdem oder gerade deswegen das (Zusammen-)Leben schwerer machen würden.

Gehen die Patienten auf mein Angebot ein, darüber zu sprechen, dann begeben wir uns gemeinsam auf die Suche nach sich häufig wiederholenden Konflikten in ihrer Umgebung, die durch Druck oder unterschwellig „ausgedrückte" Aggressionen anderer entstanden sind und immer wieder neu entstehen. Nicht selten kommt es dabei vor, dass Patienten gar kein Bewusstsein dafür besitzen, welche Situationen in ihrem Leben ihre emotionalen Belastungsgrenzen überschritten haben und immer noch überschreiten („Ich habe immer gedacht, das ist normal …").

Eine deutsch-amerikanische Forschergruppe [03] untersuchte 2005 , was passiert, wenn Menschen ihre Aufmerksamkeit (mittels einer speziellen, geteilten Brille) mit dem einen Auge auf ein zehnmal pro Sekunde hell aufblitzendes farbiges Muster richten und auf dem anderen Auge gleichzeitig ein Bild eines zornigen Mannes gezeigt bekommen. Die Versuchspersonen nahmen bewusst nur das aufblitzende bunte Muster wahr, nicht aber das Gesicht des zornigen Mannes. Sie registrierten es einfach nicht! Trotzdem konnte mittels funktioneller Magnetresonanztomografie gezeigt werden, dass ein für das Empfinden von Gefühlen, wie z. B. Angst, wichtiges Areal im Gehirn aktiv war, die sogenannte „Amygdala". Das beweist, dass wir viele Dinge und Geschehnisse nicht wahrnehmen, obwohl diese auf uns eine Wirkung ausüben, und dass das „Unbewusste" wirklich existiert, etwas, das Sigmund Freud, der erste Psychotherapeut des 20. Jahrhunderts, bereits vor über 100 Jahren beschrieben hat.

Damit begeben sich die Patienten noch einmal für einen kurzen Augenblick dorthin zurück, wo es begann, für sie unangenehm zu werden: an die durch Druck oder Aggressionen verursachten Auslösesituationen ihrer negativen Gefühle. Das können dann entweder Enttäuschungen durch das dominante und egoistische Verhalten eines anderen gewesen sein oder „unverdauliche" Niederlagen in Auseinandersetzungen und den vielen kleineren oder größeren Machtkämpfen, die einem tagtäglich begegnen können.

Wing Tsun

Die „Erfinderin" des WingTsun, Ng Mui, gab ihre neu entwickelte Kampfkunst an eine junge Frau mit dem Namen Wing Tsun weiter (übersetzt: Kleiner Frühling), um dieser zu helfen, sich damit gegen den Druck eines Mannes, der sie zur Heirat mit ihm zwingen wollte, zur Wehr zu setzen.

Danach besprechen wir dann, wie oft sich diese aggressiv aufgebauten Situationen in ihrem täglichen Leben wiederholen. Und schließlich lasse ich meine Patienten einschätzen, wie hoch wohl der Füllungszustand ihres „seelischen Fasses" gegenwärtig sei. Daraus gewinnen diese ihre erste neue, selbsttherapeutisch wirksame Erkenntnis: wie sie mit den von anderen aufgezwungenen und mit den in ihnen selbst entstehenden Aggressionen umgehen.

Als Konsequenz daraus beginnen sie neu zu „begreifen", dass sie sich bereits in dem Moment „richtig" wehren könn(t)en, in dem sie bedrängt, gekränkt, getroffen und verletzt werden. Und dass das gleichzeitig vorbeugend und therapeutisch wirksam ist.

詠春

Wing Tsun hatte nicht den Anspruch, andere anzugreifen oder zu besiegen, sie wollte sich behaupten können, um ihre Freiheit nicht hergeben zu müssen.

Zehn Fragen zur Selbsteinschätzung: Wie gut können Sie sich wehren?

Die meisten Patienten, die ich auf ihr Abwehrverhalten anspreche, sind sich nicht darüber „im Klaren", wie gut oder wie unzureichend ihr Abwehrverhalten und ihre damit verbundene Durchsetzungs- und Selbstbehauptungsfähigkeit gegenüber von außen kommendem Druck sind. Deshalb bitte ich meine Patienten gerne, sich diese zehn Fragen zur Selbsteinschätzung einmal selbst zu beantworten:

1 : Gibt es Personen oder Situationen in Ihrem Alltag (Familie, Beruf oder Bekannte), die für Sie mit sich ständig wiederholendem Druck und Streit verbunden sind?

2 : Gibt es häufiger „komplizierte" Situationen in Ihrem Leben, die Sie bereits vorausschauend vermeiden?

3 : Ärgern Sie sich hinterher darüber oder sind Sie ganz froh, diesen Situationen ausgewichen zu sein? Oder trifft vielleicht beides gleichzeitig auf Sie zu?

4 : Passen Sie sich öfter an als Ihre Kollegen, Ihre Freunde oder Ihr Partner?

5 : Tendieren Sie in einer Auseinandersetzung oder unter Druck eher dazu, sich zu rechtfertigen und zu entschuldigen, oder dazu, Ihrem Gegenüber die Schuld und die Verantwortung für den Konflikt zuzuweisen?

6 : Neigen Sie allmählich dazu, sich heftiger und lauter über Ungerechtigkeiten aufzuregen als früher?

7 : Unterscheidet sich Ihre Fähigkeit, sich zu wehren bzw. sich zu behaupten, im Alltag, im Beruf oder im Privatleben voneinander?

8 : Gibt es Bereiche, in denen es Ihnen besser gelingt, sich zu wehren, und welche, wo es Ihnen schwerer fällt?

9 : Gibt es bei Ihnen zu Hause oder am Arbeitsplatz einen oder mehrere, die „ständig" etwas von Ihnen wollen?

10 : Und gibt es jemanden bei Ihnen zu Hause oder am Arbeitsplatz, der „immer" das letzte Wort haben muss?

Je mehr dieser Fragen Sie mit einem „Ja" oder einem „meistens ja" beantworten, umso sinnvoller wird es auch für Sie, liebe Leser, sein, sich mit der Qualität und der Durchsetzungsfähigkeit Ihrer Abwehr zu beschäftigen. Und auch wenn Sie nur einige dieser Fragen mit einem „Ja" beantworten oder Ihnen nur ein einzelner Bereich einfällt, der Ihnen Probleme bereitet, so gehören Sie zwar zu den Menschen, die ein verträglicheres Umfeld besitzen, aber es scheint trotzdem etwas zu geben, weswegen es sich für Sie lohnen könnte, etwas Arbeit in eine effektivere Abwehr zu investieren.

Der Begriff des Wehrens bedeutet nicht einen Gegenangriff auszuführen und den Gegner zu besiegen, sondern diesen von dem eigenen Gebiet fernzuhalten. So gab es früher schon sogenannte Wehrdörfer, die an den Grenzen eines Reiches die Aufgabe hatten, das Eindringen von Feinden zu verhindern. Und auch die Feuerwehr hatte früher vor allem die Aufgabe, die Ausbreitung des Feuers auf andere Häuser zu verhindern. Sogar die Reichswehr hatte früher vor allem die Aufgabe, das eigene Land vor einem Angriff anderer Länder zu schützen.

Prügelknabe und Mauerblümchen

Die Mehrheit der aktuellen psychotherapeutischen Behandlungsmethoden setzt den therapeutischen Schwerpunkt entweder auf auslösende oder verursachende Konflikte und deren Auswirkungen. Oder auf negativ veränderte Gedanken und Selbstwahrnehmungen von Betroffenen sowie deren verletzte Gefühle, die zu veränderten Handlungen führen können bzw. einem dadurch bedingten eingeschränkten Aktionsradius des Einzelnen.

Das System der Effektiven Abwehr hat im Vergleich dazu einen sehr viel früheren Ansatz. Im System der Effektiven Abwehr wird ausschließlich darauf geachtet, was als Auslöser für negativen Druck infrage kommt (der von außen kommen kann oder aus einem selbst, also von innen heraus), bzw. welche sonstigen Formen von Aggressionen „das (seelische) Fass zum Überlaufen" bringen.

Druck und Aggressionen entstehen tagtäglich in Beziehungen aller Art, in Familien und in Partnerschaften, am Arbeitsplatz und im Bekanntenkreis, in Form von Mobbing durch Mitschüler, Kollegen und Vorgesetzte, immer öfter auch von Schülern gegen Lehrer und in den sozialen Berufen gegen die Helfer gerichtet. Wer nicht in der Lage ist, sich angemessen zu wehren, wer sich andere nicht „vom Leib halten" kann, der wird im Umgang mit anderen (viel) vorsichtiger, zurückhaltender, ängstlicher und unsicherer auftreten und wird es eher als Risiko betrachten, etwas Neues auszuprobieren und sich gegenüber anderen zu öffnen.

Druck und Aggressivität können aber auch in uns selbst entstehen. Viele Menschen haben den Druck ihrer Kindheit so sehr verinnerlicht, dass sie dazu neigen, sich selbst übermäßig zu kritisieren, sich Selbstvorwürfe zu machen und sich selbst zu entwerten. Besonders dann, wenn der Druck und die seelischen Belastungen zu groß werden, denen sie sich in ihrem täglichen Leben, auf der Arbeit, in ihrem Umfeld oder in ihren Beziehungen, ausgesetzt fühlen. Wir nennen diese Art von Druck und Aggression, die aus einem selbst hochkommt, den „inneren Kritiker".

Ich selbst neige dazu, diese Art von übermäßiger Selbstkritik und gegen sich selbst gerichteter Vorwürfe als den „Inneren Aggressor" zu bezeichnen.

Zwei besonders deutliche Beispiele davon, wie sich zu starker alltäglicher Druck sowie psychische Übergriffs- und Gewalterfahrungen auswirken können, sind das sogenannte „Prügelknaben-" und das „Mauerblümchen-Syndrom". Als „Prügelknaben" werden die Jungen bezeichnet, die sich niemals wehren, wenn sie geschlagen oder sonst wie geärgert und drangsaliert werden. Und „Mauerblümchen" werden die Mädchen genannt, die nie den Mund aufmachen, wenn die anderen reden, die so lange warten, bis sie jemand auffordert mitzuspielen, was allerdings nur selten der Fall ist, und die sich fast nie trauen, anderen etwas abzuschlagen. Die darauf hoffen, dass sie jemand freundlich anspricht, und dann voller Dankbarkeit sind.

Kinder mit einer Prügelknaben- oder einer Mauerblümchen-Biografie können sich in zwei verschiedene Richtungen entwickeln: Entweder sie bleiben als Erwachsene in der Opferrolle und werden von ihren Partnern, Bekannten, Arbeitgebern und Kollegen immer weiter entwertet und ausgenutzt, bis sie zuletzt nicht mehr können und krank und berufsunfähig werden.

Oder es gelingt ihnen, es sich nicht mehr anmerken zu lassen, wie hilf- und wehrlos sie sich fühlen. Sie werden so „groß und stark", dass die anderen sie allmählich in Ruhe lassen. Doch hinter der äußeren Fassade sieht es auch weiterhin ganz anders aus. Dazu möchte ich Ihnen gerne einige Beispiele aus meiner Praxis schildern:

Ein Patient, der in den letzten Jahren stark übergewichtig geworden war, berichtete mir seine Kindheitserfahrungen mit Aggressionen so: „Bei uns zu Hause hatten wir zu gehorchen. Wenn ich mal etwas lauter war oder unruhig stand, dann wurde ich sofort am Arm gerissen und mit den Worten angeherrscht: ‚Bist du gefälligst ruhig!' oder ‚So, ihr spielt jetzt, aber seid leise!', das kam dann meistens von meinem Vater. Immer mussten wir leise sein. Meine Eltern haben sich nie eingesetzt für mich, auch nicht in der Schule… Einmal, als ich ungefähr 13 Jahre alt war, kamen mitten in der Stadt drei Jungen auf mich zu und einer sagte sofort: ‚Was guckst du so doof?' Dann stellten die sich um mich und eh ich mich versah, hatte ich schon den ersten Schlag ins Gesicht bekommen. Ich hab mich überhaupt nicht gewehrt und dann bekam ich noch mehrere Schläge dazu, und das, obwohl ich schon ziemlich groß war."

Der Patient wusste sich auch später nicht zu wehren und wurde von seiner Frau, den Schwiegereltern, seinen Arbeitskollegen und von seinem Vorgesetzten so massiv entwertet und ausgenutzt, bis er das nicht mehr „ertragen" konnte. Er bekam muskuläre Rückenschmerzen und wurde wegen eines doppelten Bandscheibenvorfalls mehrfach operiert und mit chronischen Schmerzen vorzeitig berentet.

Ein anderer Patient, ein ehemaliger Soldat der englischen Army in Deutschland, beschrieb mir seine Erfahrungen mit Aggressionen ähnlich: „Als Kind war ich eigentlich nur ängstlich. Ich wehrte mich nicht und schlug mich auch nie mit anderen Kindern, weil ich immer Angst davor hatte, was dann mit mir passieren würde, Angst vor den Schlägen der anderen. Eines Tages, ich muss ungefähr acht Jahre alt gewesen sein, kam ich wieder einmal weinend vom Spielplatz nach Hause, weil mich ein anderer Junge geschlagen hatte. Und ich hatte mich wieder nicht gewehrt! Da zog mich meine Mutter mit sich und ging mit mir zum Spielplatz zurück, wo der andere Junge noch spielte. Meine Mutter hielt den Jungen sofort fest und befahl mir, ihn ebenfalls zu schlagen. Aber ich traute mich nicht! Von meiner Mutter erhielt ich ab da nur noch Verachtung, wenn ich ihr erzählen wollte, dass ich wieder geärgert oder geschlagen worden war.

Das änderte sich erst, als ich mit elf Jahren auf die weiterführende Schule bei uns kam. Dort lernte ich einen älteren Jungen kennen, der mit ansah, wie ich mich vor den bloßen Drohgebärden der anderen Jungen wegduckte. Daraufhin sprach mich der Junge an und erklärte mir, dass ich mindestens einen Schlag oder einen Tritt zurückgeben müsse, auch wenn der andere stärker wäre als ich und ich den Kampf verlieren würde.

Doch beim nächsten Mal würde sich der andere an den einen Tritt oder den einen Schlag von mir, der ihm auch Schmerzen zugefügt hätte, erinnern. Und keiner würde gerne Schmerzen einstecken, wenn sich das, wofür man kämpfen würde, nicht lohnen würde. Und lohnen würde es sich nur, wenn es entweder um Macht, um Geld oder um Mädchen gehen würde. Aber Schmerzen, nein – nur für Drohgebärden, sich dafür einer Gegenwehr auszusetzen, auch wenn man der Stärkere wäre, das würde sich nicht wirklich lohnen, dafür würden sich die Kids nicht gerne schlagen."

Danach war erst mal Schluss mit dem Prügelknaben-Syndrom bei dem Patienten. Er hatte endlich gelernt, andere auf Abstand zu halten! Später entschloss er sich sogar, Soldat zu werden, und ging freiwillig nach Nordirland (unter den englischen Soldaten waren die, die nach Nordirland gingen, als besonders harte Jungs bekannt). Aber mit 35 Jahren traten bei diesem Mann, der inzwischen wieder Zivilist geworden und in Deutschland geblieben war, Panikattacken, Angstzustände und Depressionen auf. Er hatte es zwar als Kind doch noch gelernt, zurückzuschlagen und sich damit andere, gewalttätige Kinder und Jugendliche „vom Leib zu halten", aber nicht, sich gegen psychischen Druck, gegen Übergriffe und Trennungsdrohungen zu wehren. Was unter Kindern und Jugendlichen noch geholfen hatte, das passte unter Erwachsenen nicht mehr.

Stattdessen versuchte er es mit Alkohol und mit einem jovial-freundlichen Auftreten. Er stritt auch laut und heftig, und konnte sich doch nicht behaupten. Er heiratete mehrfach und wurde jedes Mal wieder entwertet und betrogen. Er fühlte sich wie in einem Strudel aus Drohungen, Kränkungen und Verletzungen. Auch er hatte es nicht wirklich geschafft, sich (besser) abzugrenzen und sich nicht mehr hineinziehen zu lassen in die immer gleichen, aussichtslosen Machtkämpfe. Niemand hatte ihm beigebracht, sich mit angemessenen Mitteln „zur Wehr zu setzen". Das ließ ihn schließlich krank werden – alkoholabhängig, panisch und depressiv.

Das entsprechende Gegenstück auf der weiblichen Seite wird das Mauerblümchen-Syndrom genannt. Eine dafür recht typische Patientin schilderte ihre Kindheit so: „Als Kind war ich immer schüchtern und still. Wenn andere in der Schule spielten, stand ich an der Wand und schaute zu. Ich wartete immer darauf, dass ich zum Mitspielen aufgefordert wurde. Ich war, glaube ich, das Lieblingskind meines Vaters gewesen, er war ein großer starker Mann und meine Mutter und wir drei Mädchen setzten ihn auf einen Thron. Er wusste in allem Bescheid und war von allen angesehen. Als Mädchen dachte ich, dass ich klein und hässlich neben ihm sei, und denke das im Grunde auch heute noch von mir." Aus dem unscheinbaren Mädchen wurde eine gut aussehende und sich sehr schlagfertig ausdrückende Frau (Frau K., von der Sie später noch eine Schilderung ihrer speziellen Symptomatik im Kapitel „Die neurotische Abwehr von Komplimenten" lesen können).

Nach einer länger andauernden, schwierigen und von vielen Enttäuschungen begleiteten Partnerschaft, die sie zum Schluss selbst beendet hatte, fand sie niemanden mehr, dem sie sich zuzumuten traute. Lernte sie jemanden kennen, der ihr gefiel, so wohnte dieser entweder Hunderte Kilometer von ihr entfernt oder er war verheiratet oder sie brachte „den ganzen Abend keinen einzigen richtigen Satz mehr heraus, bis der Mann von mir denkt, ich bin total einfältig!".

Sie wohnte zwar wieder zu Hause, aber sie hatte sich scheinbar verändert. Sie geriet jetzt oft mit ihrer Familie in Konflikte und lehnte sich gegen so empfundene Ungerechtigkeiten ihrer Angehörigen auf. Trotzdem konnte sie sich weder in ihrer Familie noch am Arbeitsplatz ihrer Erfahrung oder ihrem Alter entsprechend durchsetzen oder behaupten. Das führte dazu, dass sie sich immer wieder selbst niedermachte für ihre mangelnde Durchsetzungsfähigkeit. Gleichzeitig wurde ihr Innerer Aggressor immer stärker und stärker, bis auch bei ihr das seelische Fass überlief und sie mit einer heftigen Angstsymptomatik in meine Praxis kam.

> Eine andere Patientin, die mit einem Gefühl von chronischer „Traurigkeit", Erschöpfung und Ausgebranntsein in die Therapie kam, erzählte mir, dass sie – obwohl die ältere – immer im Schatten der jüngeren Schwester gestanden hätte. Das blieb auch so, als die Schwester als Jugendliche psychisch krank und zum Problemkind wurde, und setzte sich bis ins Erwachsenenalter fort. „Ich habe immer gedacht, das ist normal, dass meine Schwester von meinen Eltern mehr Aufmerksamkeit bekommt. Sie stand einfach mehr im Mittelpunkt mit ihrem Talent und ihrer Art, auf sich aufmerksam zu machen. Da hab ich meine Eltern nicht auch noch mit meinen Problemen belasten wollen. Wir haben uns als Kinder oft gestritten, aber meistens nur, weil meine Schwester mich bei meinen Eltern schlechtgemacht oder verpetzt hat, während ich immer gedacht habe, wir müssten doch, wenn mal was anbrannte zu Hause, zusammenhalten und eine Einheit gegen meine Eltern bilden ... Später habe ich es dann aufgegeben, weil sie sowieso gemacht hat, was sie wollte ... Stattdessen bin ich dafür gelobt worden, dass ich so lieb sei. Und heute entschuldige ich mich lieber zehnmal dafür, wenn ich etwas ablehnen muss, etwas, was ich sowieso nur ganz selten schaffe."

Die Sprache der Symptome

Unser Gehirn hat unsere Sprache im Laufe der letzten eine Million Jahre für unsere meisten Zwecke optimal angepasst. Ganz am Anfang der sprachlichen Entwicklung des Menschen steht dabei das Schreien des neugeborenen Babys.

> Wenn es aus dem warmen und geborgenen Mutterbauch herausgestoßen oder herausgerissen wird und dazu noch einen Klaps auf den Po bekommt. Wir schreien unsere erste (gefühlte) Enttäuschung, unsere erste Verzweiflung oder Wut darüber aus uns heraus. Auch um zu denken, benötigen wir unsere Sprache. Und auch wenn wir etwas fühlen, übersetzt unser Gehirn diese Gefühle in Sprache. Doch Gefahren, Bedrohungen und Angriffe versteht und übersetzt unser Gehirn sofort und blitzschnell in Handlungen, in Abwehr-, Flucht- und Gegenangriffsreaktionen, ohne sie zuvor in Sprache übersetzt zu haben.

Wenn wir hinfallen, strecken wir z. B. automatisch beide Arme aus, um uns zu schützen und um Schmerzen abzuwehren.

> Erst danach schalten sich weitere Teile unseres Gehirns mit ein (wenn wir dazu noch die nötige Zeit haben), um uns vielleicht die Ursache für eine bestehende Gefahr bewusst werden zu lassen. Weil wir aber ansonsten sehr gut gelernt haben, uns über unsere Sprache verständlich zu machen, uns durchzusetzen und andere Menschen mithilfe der Sprache zu verstehen, und weil sich unser Gehirn so optimal an unsere vielen anderen Bedürfnisse angepasst hat, sind wir Menschen zu dem geworden, was wir heutzutage sind: eine hochintelligente Gemeinschaft. Unser Überleben, aber auch unser Vorwärtskommen ist heutzutage zu 100 % auf das angemessene und erfolgreiche Einsetzen unserer Sprache angewiesen, sowohl der gesprochenen als auch der geschriebenen Sprache. Gleichzeitig veränderten sich auch unsere Waffen im Laufe unserer Sozialisation. Waren es früher die Fäuste oder von Menschenhand gebaute Waffen, so benutzten wir im Laufe der Zeit mehr und mehr unsere Sprache als Angriffswaffe, bis hin zur gigantischen Manipulation durch Diktatoren. Auch eine Form versteckter Aggression!

Deshalb sollte uns auch das Verstehen von Druck und Aggressionen in all ihren offenen, aber auch in ihren versteckteren Ausdrucksformen (von denen es ja genügend gibt) möglichst leichtfallen. Das bedeutet, dass eine Kränkung nicht einfach nur eine Kränkung ist, sondern eine enttäuschende, schmerzhafte und manchmal sogar eine „verheerende", eine krank machende Wirkung (in uns) hinterlassen kann.

Das Gleiche gilt für den Umgang mit aggressivem Druck, gegen den man sich nicht immun machen kann, genauso wie für Beleidigungen, Niederlagen, Verluste und Trennungen, für Machtkämpfe und sonstige Rivalitäten, für Übergriffe und ganz allgemein für psychischen Druck, egal ob offen oder versteckt, und natürlich auch für körperliche Gewalt. Druck und Aggressionen durch andere bringen uns entweder dazu, uns zurückzuziehen, oder wir versuchen mit Gegendruck zu reagieren, was in den meisten Fällen trotzdem nicht verhindern wird, dass wir eine Niederlage erleiden. Und haben wir nicht „standgehalten" und realisieren, dass wir wieder eine Niederlage eingesteckt haben, löst das zum Teil massive Gefühle von Hilflosigkeit und Ohnmacht bis hin zu Wut, Hass und Rache in uns aus. Aber all diese Gefühle ändern nichts. Sie helfen uns nicht weiter.

Im Gegenteil! Das alles führt irgendwann dazu, dass im Laufe der Jahre unsere „Seele überläuft", dass unser seelischer Speicher nicht mehr ausreicht – dass „das Maß voll" ist, wie es der Volksmund ausdrückt. Die Psychologie spricht dann z. B. von einem zu hohen Anspannungs- oder Erregungsniveau. Als Folgen treten psychische und körperliche Symptome auf. Wir bekommen Krankheiten wie Depressionen, Ängste, Zwangsgedanken oder Zwangshandlungen, Magersucht, Kopfschmerzen, Rückenschmerzen, Bauchschmerzen, Übelkeit, Schwindel. Andere werden alkohol- oder drogenabhängig oder glücksspielsüchtig. Gelingt es uns jedoch, diese Krankheiten neu zu verstehen, dann heißt das übersetzt: „Das oder jenes vertrage ich nicht (mehr), das oder jenes ist zu viel für mich geworden!" Da gibt es etwas, was man nicht mehr hinnehmen kann, was einen seelisch kaputt macht.

Auch dafür besitzt der Volksmund viele passende Ausdrücke wie z. B. „etwas ist schwer oder unverdaulich" oder „etwas bereitet einem Kopfzerbrechen".

Und kommen Druck und Aggressivität aus unserem eigenen Inneren hoch, „vorgetragen" von dem Inneren Aggressor in uns, dann führt das oft sogar zu selbstschädigenden Verhaltensweisen bis hin zu Selbstverletzungen. Wenn unser seelischer Speicher also zum „wiederholten Mal" überläuft, reicht es nicht mehr aus, etwas unempfindlicher oder dickfelliger zu werden, um Stress, Druck oder Aggressionen besser zu ertragen. Das funktioniert dann nicht mehr.

Das Einzige, was uns dann im Moment der Druckentstehung noch helfen kann, ist, den für uns unbedingt (überlebens)notwendigen Mindestabstand gegenüber denjenigen (wieder)herzustellen, von denen der Druck oder die Aggression ausgeht (die einem „zu nahe kommen" und „ausfallend" werden).

„Einen Streit vom Zaun brechen", „auf Abstand gehen", „den richtigen Abstand wahren", einen „auf Abstand bringen", auch dafür hat der Volksmund viele Begriffe geschaffen.

Diese kleine Anleitung beschäftigt sich deshalb mit den ganz einfachen und in jedem Menschen ursprünglich angelegten, gewaltfreien Möglichkeiten zur Druck- und Aggressionsabwehr: der (Wieder-)Herstellung von Distanz zum anderen. Möglichkeiten einer Abwehr, die man auch noch unter hohem Druck zur Verfügung hat. Dazu braucht es keinen Gegenangriff, keinen Kampfsport und auch keine Waffen! Die heutzutage notwendigen (sprachlichen) Mittel, zusammen mit der dafür möglichen gestikulierenden Unterstützung, besitzen wir ja bereits. Was wir noch brauchen, sind nur ein paar wenige Standardsätze sowie ein paar kurze Regeln, die wir ohne nachzudenken auf sehr viele verschiedene, aggressiv gefärbte Situationen anwenden können.

Wing Tsun

Die Grundprinzipien zur Abwehr körperlicher Angriffe bestehen im WT immer zuerst in der Herstellung eines sicheren Abstandes zum Gegenüber, der sogenannten „Vorkampfstellung".

Jeder Mensch besitzt sie – die menschliche Fähigkeit, sich erfolgreich zu wehren!

Die Fähigkeit, sich zu wehren, ist also im Menschen angelegt. Das Baby, das gerade zur Welt gekommen ist, schreit und streckt im Schreien beide Arme und Beine von sich. Um sich gegen Übergriffe und Zumutungen von außen zu wehren. In seiner ursprünglichsten Form des Distanz schaffenden Von-sich-Weghaltens oder -stoßens. Dabei unterscheidet das Baby noch nicht zwischen dem Wegstoßen, wie es später in der Form des Wutausdruckes gezeigt wird, und dem Sich-vom-Leib-Halten.

In Walt-Disney-Comics, wenn z. B. Onkel Dagobert vor Wut seinen Neffen Donald anschreit, wird das so gezeichnet, als würde Donald durch den Windstoß des wütenden Schreiens nach hinten gedrückt, also weg von dem wütenden Dagobert.

Ursprünglich hatte Wut die Bedeutung des „Hinweg von mir!". Deshalb wird Wut auch „ausgedrückt".

詠春

Dazu kommt noch die Fähigkeit, einen Angreifer an sich vorbei ins Leere schlagen zu lassen, des schnellen, reflexartigen mithilfe der Arme und Beine an sich Abgleitenlassens der Schläge und Tritte des Angreifers, dem Vorwärtsdrang des Gegners – falls notwendig – auszuweichen und die eigene Kraft bzw. die eigenen Schlagtechniken hinzuzufügen: „Nutze die Kraft deines Gegners und füge deine eigene hinzu."

Wut muss immer raus aus uns, sonst ist es keine Wut. Wenn aber z. B. Donald jemanden auf Abstand zu sich halten will, dann streckt er den Arm nach vorne aus und stellt dabei die flache Handfläche nach vorne auf.

Die frühe Bewegung des Säuglings ist noch ungerichtet und undifferenziert. Erst im Verlauf unserer Erziehung verkümmert die Fähigkeit des Sich-vom-Leib-Haltens durch die vielfältigen Formen unserer Erziehung. Zwar lernten unsere Vorfahren durchaus erfolgreich, ihren Lebensraum oder ihren Besitz entweder mit Gewalt zu vergrößern oder wenigstens im Fall eines negativen Ausgangs kriegerischer Konflikte nicht völlig überrannt zu werden, z. B. durch das Sichzurückziehen in eine sichere Festung. Nur zum Erreichen eines halbwegs stabilen Gleichgewichts zwischen den Menschen trug dieses Konfliktverhalten nichts bei.

Auch wenn sich in der Erziehung durch modernere Konzepte schon einiges zum Besseren verändert hat, so wird es den Kindern in den meisten Familien bis heute noch nicht zugestanden, Eltern, Verwandte oder Erzieher (z. B. Lehrer) in Druck- und in aggressiven Situationen angemessen auf Distanz, auf Abstand halten zu dürfen. Eltern und Erziehungsberechtigte erschweren damit ungewollt die weitere Ausreifung dieser für unser späteres emotionales Wohlfühlen sehr wesentlichen Grundfähigkeit.

Eltern, die als Patienten die Techniken der Effektiven Abwehr gelernt haben, erleichtern sich damit wieder den familiären Umgang mit ihren oftmals massiv die Grenzen austestenden Kindern.

Dieses Defizit im angemessenen Umgang mit dem (dominant-aggressiven) Verhalten anderer ist nach meinen Erfahrungen als Psychotherapeut mit der wichtigste Grund dafür (aber natürlich nicht der einzige), dass viele Menschen unter psychischen Problemen zu leiden haben.

„Damit zu kämpfen haben", wie es der Volksmund auch ausdrückt.

Das ist der Hintergrund, vor dem es möglich ist, viel aggressionsfreier und nur mit unserer Sprache sowie wenigen Gesten neu zu lernen, sich erfolgreicher zu behaupten. Die Voraussetzungen, um sich angemessener und erfolgreicher zu wehren, um sich besser behaupten zu können (z. B. unsere Abwehrreflexe und die dafür erforderlichen Strukturen in unserem Gehirn), sind uns Menschen ja sogar angeboren, das kann also jeder lernen, mit etwas Motivation, Übung und Geduld.

„Der Mensch lernt nie aus", sagt der Volksmund.

Zwar gibt es auch den dazu scheinbar im Gegensatz stehenden Satz „Was Hänschen nicht lernt, lernt Hans nimmermehr", doch bezieht sich der meines Erachtens vor allem auf das Fehlen sehr grundsätzlicher Persönlichkeitsmerkmale wie z. B. auf den Umgang mit Grenzen oder auf ein zu sehr auf sich bezogenes, egoistisches Verhalten und auf die Unfähigkeit des Sicheinfühlens in andere.

Hingegen kann man das ganze Leben noch neue, aufbauende und bereichernde Erfahrungen machen und z. B. bestimmte Fertigkeiten hinzulernen.

Das Maß ist voll – wenn die Seele überläuft

Psychische Störungen bedeuten also für den Einzelnen, dass zu viele und/oder zu massive seelische Belastungen entstanden sind. Mehr oder weniger schwere, sich wiederholende Kränkungen, Verletzungen, Enttäuschungen, Ungerechtigkeiten und Niederlagen. Life Events wie die medizinische Wissenschaft diese auch bezeichnet.

Die Zusammenhänge zwischen psychischem Druck und dem Auftreten psychiatrischer Krankheiten wurde erst kürzlich in einer Studie der Harvard Universität [04] untersucht. Darin stellte sich heraus, dass für Gruppen, die Diskriminierungen durch ethnisch oder sexuell begründete Aggressionen ausgesetzt waren und die sich nicht aktiv damit auseinandersetzen, das Risiko für eine psychiatrische Erkrankung um das Drei- bis Vierfache erhöht war gegenüber denen, die sich dagegen wehrten.

Machen wir daraus ein Bild, so können wir sagen: Unser seelisches Fass ist voll. Der Speicher unserer aufgestauten Gefühle, der seelische Ort also, in dem wir alle negativen Gefühle unterbringen, die wir im Laufe unseres Lebens hinnehmen und einstecken mussten, der Ort für alles, was ein Mensch im Laufe seines Lebens herunterschlucken musste. Das ist das in Worten ausgedrückte Maß für die erreichte Grenze unserer seelischen Belastbarkeit. Ein Maß, mit dem man gut beschreiben kann, dass ein Mensch ab jetzt in Gefahr ist, „vor Wut zu explodieren" oder krank zu werden. Dabei hat jeder Mensch sein ganz persönliches Maß an Belastbarkeit. Diese ist zum Teil durch unsere Gene (unsere angeborenen, körperlichen Schwächen oder Stärken) und durch eine mehr oder weniger fürsorgliche Einstellung innerhalb der Herkunftsfamilie bestimmt und wird später zum Teil beeinflusst durch äußere Faktoren wie Müdigkeit oder Krankheiten sowie durch unsere erworbene Fähigkeit zur Abwehr von Druck und Aggressionen.

In eine medizinische Sprache übersetzt bedeutet das, dass es in unserem Gehirn größere oder kleinere Ansammlungen von Nervenzellen gibt, die bei dem einen Menschen, wenn er mehr davon hat, eine Stärkung darstellen und die bei einem anderen Menschen, wenn zu wenig von denselben Nervenzellen vorhanden sind, als Schwächung zum Ausdruck kommen.

Diese unterschiedliche Menge spezialisierter Zellen lässt sich inzwischen für immer mehr psychische Störungen mittels des bildgebenden Verfahrens der funktionellen Magnetresonanztomografie darstellen und beweisen.

Bildlich gesehen entspricht der uns angeborene Teil dem Fassungsvermögen unseres seelischen Speichers. Dieses stellt damit die Grundlage unserer seelischen Belastbarkeit dar, der von uns weniger veränderbare Teil. Der von uns beeinflussbare Teil wird dagegen in erster Linie durch unsere erlernte Fähigkeit bestimmt, negativen Stress wie Ängste, Druck und psychische Aggressionen von uns fern, auf Abstand zu halten. Die Anhäufung von immer mehr Belastungen, Kränkungen und Verletzungen im seelischen Speicher unseres Gehirns bei gleichzeitig allmählich abnehmender Größe dieses Speichers (durch den altersbedingten Zellabbau) ist auch mit ein Grund dafür, warum wir Menschen im Laufe unseres Lebens bei zu viel Stress „dünnhäutiger" werden.

Warum es manchmal besser ist, ein guter „Handwerker" zu werden

Wenn ich mit meinen Patienten über ihre Möglichkeiten spreche, sich besser und effektiver gegen die Dominanz, den Druck und die Aggressionen ihrer „Quälgeister" am Arbeitsplatz oder zu Hause zu wehren, und ihnen empfehle, als Erstes mit dem Mitkämpfen aufzuhören, kommt oft die Frage, was denn zu machen sei, wenn der andere nicht mitmache? Zum Aufhören gehörten doch immer zwei! Dann antworte ich, dass wenn man nicht mehr mitmachen würde, dem anderen das „Benzin", das er durch das Mitkämpfen und durch das Mitstreiten immer weiter mit ins Feuer schütten würde, nicht mehr zur Verfügung stehen würde. Und ein Feuer, das keine Nahrung mehr erhalte, hört bekanntlich auf zu brennen! Niemand kann also alleine streiten!

Und hat man es erst geschafft, diese Grundregel (mal besser, mal weniger gut) durchzuhalten, gewinnt man damit die notwendige Ruhe, um klarer denken zu können.

Natürlich reicht es meistens nicht aus, wenn man sich nur abwendet und den Konfliktherd verlässt. Das ist wie im Selbstverteidigungs-Kampfsport, auch dort nimmt derjenige, der sich wehrt, die Abwehr- oder Kampfposition ein, die dem Angreifer zeigt, dass da jemand ist, der sich wehren kann! Genauso ist es im System der Effektiven Abwehr. Auch hier brauchen Sie zusätzlich zum Grundgedanken des Nichtmitkämpfens noch einige wenige technische Mittel. Diese finden sich allerdings im Gegensatz zum Kampfsport in unserer Sprache und sind, wie Sie noch sehen werden, sehr einfach zu erlernen.

Das ist einer der Grundgedanken, der der sogenannten Wiederholungsregel der Effektiven Abwehr zugrunde liegt: Es lohnt sich absolut nicht, sich in einer Druck- oder Streitsituation zu rechtfertigen, sich zu entschuldigen und eine „Ablehnung" mit vielen Worten zu begründen, da die vielen Worte den Streit nur unnötig verlängern oder verschärfen würden und von einem aggressiv aufgeladenen Menschen sowieso nicht angenommen werden können.

> Manchmal kommen dann die Patienten mit der Frage, ob es nicht genauso gut wäre, wenn ich ihnen dabei helfen würde, gegenüber der Dominanz und den Aggressionen ihrer Kollegen oder Partner unempfindlicher zu werden, ihnen ein dickeres Fell anzutrainieren. Daraufhin antworte ich meistens mit einer Gegenfrage, nämlich ob sie denn zu einem „Zombie" werden wollten, einem Menschen also, der gar keine Gefühle mehr in sich spürt. Und dann füge ich hinzu, dass es uns nur in sehr begrenztem Umfang möglich sei, bestimmte Schwächen so zu verändern, dass daraus eine Stärke würde, wie z. B. eine etwas geringere Fähigkeit, Stress und Druck zu ertragen. Dass es allerdings viel erfolgversprechender für sie sein könnte, sich mehr auf ihre Stärken, die sie ja auch hätten, zu konzentrieren. Und stattdessen ihre vorhandenen Kräfte und Möglichkeiten dafür einzusetzen, um sich ein effektiveres Abwehrverhalten gegenüber negativem Druck, Kränkungen und den sonstigen Aggressionen anzueignen.

In einer anderen amerikanischen Studie [05] wurde erst kürzlich nachgewiesen, dass eine gute Stressbelastbarkeit und die Fähigkeit, sich in andere hineinzuversetzen, sogar miteinander verbunden sind und von zwei Varianten desselben Gens, OXTR genannt, abhängen. Dieses Gen trägt die Erbinformationen für die Menge und die Qualität eines bestimmten Rezeptors, einer Andockstelle für einen Neurotransmitter (ein Botenstoff unseres Gehirns), der zugleich auch ein Hormon ist und Oxytocin genannt wird (oft auch als „Kuschelhormon" bezeichnet). Dieses Gen hilft uns also nicht nur dabei, mit Stress und Belastungen besser umzugehen, sondern auch, uns in andere Menschen hineinzuversetzen bzw. uns in unser Gegenüber einzufühlen.

> Zwar ist es sicher eine angenehme Vorstellung, über ein größeres Volumen zum Aushalten negativer Gefühle zu verfügen, aber für unser Wohlbefinden ist die Höhe des Pegelstands in unserem seelischen Fass, dem Speicherort der negativen Gefühle, viel entscheidender als dessen Größe.

Stellen Sie sich doch einmal vor, Sie wollen sich entspannen und befinden sich in einem Schwimmbad mit zwei Schwimmbecken. Einem großen Hauptbecken und einem etwas kleineren Becken in einem abgeschlossenen Raum, das mehr als Bewegungs- und Muskelentspannungsbecken gedacht ist. Wenn beide Becken über eine angenehme, entspannende Wassertemperatur verfügen, dann kann es Ihnen – abgesehen von Ihrem Wunsch, sich zu entspannen – gleich sein, in welchem Becken Sie sich gerade aufhalten. Aber sollte es plötzlich zu einem heftigen Wassereinbruch mit einem raschen Ansteigen des Wasserpegels kommen und Sie befinden sich im kleineren Becken, dann wird es für Sie sehr wichtig, das Eindringen des Wassers in dem kleineren Becken reaktionsschnell und erfolgreich aufzuhalten, um damit den für Sie bedrohlichen Anstieg des Wassers zu verhindern.

Gelingt Ihnen das, dann werden Sie auch in dem kleineren Becken nicht unter stärkeren Druck kommen als in dem größeren Becken. Sind Sie geübt im Erkennen und im Abwehren eindringenden Wassers, dann werden Sie sich auch in Ihrem kleineren Becken sehr wohlfühlen können.

> Also ist nicht so sehr die Größe Ihres Beckens entscheidend, sondern Ihre eigene (erlernte) Fähigkeit, das Eindringen des Wassers sowie das Überschreiten bestimmter (Wasser-)Grenzen rechtzeitig zu erkennen. Dann können Sie beides, das Eindringen von Aggressionen und das Überschreiten bestimmter Grenzen mit angemessenen Mitteln sowie kräfteschonend verhindern bzw. beenden. Dann ist es ganz egal, wenn der Druck sich plötzlich erhöht oder wenn Sie jemand anzugreifen versucht (wenn in Ihrem abgeschlossenen Raum plötzlich durch eine undichte Stelle Wasser eindringen sollte).

> Sie werden es schaffen, die undichte Stelle abzudichten und den Pegelstand – zwar vielleicht mit einigen Schwankungen, aber insgesamt erfolgreich – auf einem für Sie erträglichen Niveau zu halten. Sind Sie darin geübt, dann sind Sie widerstandsfähig genug, um sich sogar unter einen Wasserfall zu stellen, es dringt doch nicht mehr hinein, als Sie auch wieder herausbefördern können. Sie werden nicht mehr untergehen.

Die eigene Freiheit beschränken

Das dominante Verhalten anderer in Beziehungen oder am Arbeitsplatz wird oft von Drohungen begleitet, bewusst ausgesprochenen oder unterschwellig vorgetragenen Drohungen, die offene oder verborgene Ängste wecken (sollen). Drohungen, die die Betroffenen davor zurückschrecken lassen sollen, sich anders zu verhalten, als es der dominante Partner oder ein absolutistischer Vorgesetzter ertragen kann. Die dadurch ausgelöste Angst der Unterlegenen hat „viele Gesichter".

Da gibt es die Angst vor dem Verlust des Arbeitsplatzes. Oder in Partnerschaften die tief sitzende Angst, den Menschen (schon wieder) zu verlieren, auf den man sich vielleicht gerade erst eingelassen hat. Die Angst vor dem Verlust von so sehnsüchtigen Gefühlen wie Verliebtheit, Geborgenheit, Sicherheit, Zärtlichkeit, Gehört- und Verstandenwerden, Beachtet- und Berührtwerden. Wenn man auch schon früh erkennen könnte, welche Enttäuschungen und Konflikte mit dem neuen Partner verbunden sind, so gefährdet es doch zu sehr die mit diesem Partner verbundenen Sehnsüchte und Bedürfnisse. Eine Angst, wie sie irgendwann vor langer Zeit in einem entstanden und mit einem größer geworden ist.

Untersuchungen haben gezeigt, dass Beziehungen, die sich schon früh als schwierig erweisen, es meistens auch bleiben! Man bemerkt zwar manchmal schon nach kürzerer Zeit, dass es zu kriseln beginnt, aber viele verdrängen es gleich wieder. Man spürt die ersten Enttäuschungen, es verwundert einen irgendwie, weil es so gar nicht in die eigenen Vorstellungen von einer idealisierten Beziehung „hineinpasst", aber man „steckt es gleich wieder weg".

Auch die Angst vor dem autoritären Verhalten eines Vorgesetzten sitzt manchmal tief und fest in unserer Seele. Die jedes Mal wieder in einem aufsteigt, wenn die Situation auch so schon schwierig genug ist. Diejenigen, die es schwerer haben, sich zu wehren, können viele Geschichten davon erzählen, wie sich der Druck, die Aggression oder die Übergriffigkeit eines anderen auf ihr Leben und auf ihre Zufriedenheit auswirken und sich breitgemacht haben.

Und wenn sie dann versuchen, mit Vernunft, mit Appellen an die Einsicht des anderen, mit Argumenten dem immer wieder aufkommenden Druck und den Aggressionen zu begegnen, hört ihr Gegenüber einfach nicht zu. Geht nicht auf das ein, was sie vorbringen. „Das Problem ist, dass er gar nichts einsieht." „Und wenn sie dann gar nicht anders könnte, als mir recht zu geben, dann lacht sie einfach nur."

Ein dominant-aggressiver Mensch hat wahrscheinlich fast so viele Gründe für sein Verhalten, wie es Beziehungen auf unserer Erde gibt. Dabei besitzen dominant-aggressive Menschen einige besonders ausgeprägte, sich selbst unterstützende Überzeugungen:

1 : Er hat immer recht!
2 : Der andere ist immer schuld!
3 : Der andere ist selbst dafür verantwortlich, dass es ihm schlecht geht.

Aber irgendwann beginnt für die meisten Unterlegenen die Suche nach einem Weg aus dem „Teufelskreis". Danach, nicht mehr immer wieder zum „Nachgeben" verurteilt zu sein, nach einem „Ausweg" aus dem größer werdenden Verlust von Selbstachtung und Selbstbewusstsein, danach, nicht mehr der ewige zweite Sieger zu sein.

Der zweite Sieger deshalb, weil dieser die Hoffnung nicht aufgibt, im nächsten Kampf, in der nächsten Auseinandersetzung oder in der nächsten Diskussion endlich auch einmal der Sieger zu sein.

Das Ende des Schreckens!

Für viele meiner Patienten beginnt sich etwas in ihnen zu lösen und viele reagieren erleichtert, wenn sie zum ersten Mal offen und ohne Schamgefühle darüber reden können, dass sie sich gegenüber anderen nicht wehren und behaupten können. „Dann fängt er sofort wieder an zu brüllen, wenn ich versuche, mich zu wehren. Weil ich ihm was wegnehmen würde", brach es aus einer Patientin mit Tränen in den Augen heraus, als wir die erste Übergriffssituation in ihrem Beziehungsalltag in einem Rollenspiel zu üben begannen (die Patientin wollte über eine gerechtere Verteilung des gemeinsamen Einkommens zwischen beiden sprechen und die dabei zu erwartenden Vorwürfe abwehren).

Für viele meiner Patienten stellt ihre erste Übung im Rollenspiel so etwas wie eine kleine Wende dar: der Anfang einer ganz neuen Erfahrung, die Entdeckung einer unbekannten oder das Wiederentdecken einer schon lange verloren gegangenen, nur selten erlebten Kraft. Dass es feste Mauern braucht zum Abwehren der „Quälgeister" sowie bewegliche Brücken, die es einem in guten Zeiten erleichtern, den Kontakt zu anderen herzustellen, die aber bei drohender Überschreitung der für das eigene Wohlbefinden erforderlichen Grenzen auch wieder hochgezogen oder abgebrochen werden können.

Wing Tsun

Nach der Legende über die Entstehung der Selbstverteidigung des WingTsun-Kung-Fu beobachtete die Nonne Ng Mui einen Kampf zwischen einem Kranich und einem Fuchs. Der Fuchs lief immer wieder um den Kranich herum, in der Hoffnung, dessen ungeschützte Flanke treffen zu können. Doch der Kranich soll sich stets so gedreht haben, dass seine Vorderseite dem Fuchs zugewandt war.

Es selbst in der Hand zu haben, dass die tatsächlichen oder im Voraus befürchteten und erwarteten Drohungen, die Vorwürfe und die sich immer wiederholenden Auseinandersetzungen einen nicht mehr treffen können. Dass diese abprallen, abgleiten, vorbeigehen und ins Leere laufen. Ab dann ist „Schluss damit"!

Danach steigt der Pegel in ihrem seelischen Fass nicht mehr weiter an, ab dann reicht meistens schon das ganz normale Ablassventil, damit es wieder heruntergeht mit den negativen Emotionen. Verbunden mit dem wachsenden Gefühl, nicht mehr länger ausgeliefert zu sein, nicht mehr dauernd nachgeben und nicht mehr auf die eigenen (kleinen) Freiheiten verzichten zu müssen.

Das ist dann das „Ende des Schreckens"!

詠春

Der Fuchs versuchte es mit dem Biss seiner scharfen Zähne (seiner Waffe), mit der Schnelligkeit seiner Beine und mit überraschend durchgeführten Angriffen, während der Kranich mit den Flügeln abwehrte und gleichzeitig den Fuchs mit seinem Schnabel auf respektvollem Abstand hielt.

Unter Druck kann man nicht denken!

≡ Teil 2

Eine gute Abwehr hat gleich zwei Vorteile :

: Sie verhindert Schlimmeres
und sie erspart einem tausend Entschuldigungen!

Was wirklich zählt im Leben: eine sichere Abwehr!

Der Begriff des Kämpfens ist sprachlich gesehen nicht von Anfang an negativ besetzt gewesen. Im Gegenteil, unsere Sprache kennt auch den idealisierenden, den „gerechten" Kampf bzw. den Vorkämpfer für eine „gute Sache", für echte Ideale, für Schwache und Unterdrückte oder früher gegen eine widrige Natur. Der gerechte Kampf stellt damit so etwas wie die positive Umkehrung der Aggression dar. Dagegen stehen Aggressionen und Gegenaggressionen für einen kräfteverschlingenden Umgang mit unseren begrenzten Mitteln und einem ungewissen Ausgang. Nicht selten hat schon so mancher Feldherr aufgeben müssen, obwohl er jede Schlacht gewonnen hatte – weil seine Kräfte mit jeder Schlacht weniger wurden und seine Armeen am Ende kraftlos, erschöpft und ausgelaugt waren.

So endete der Dreißigjährige Krieg nur deshalb, weil die kriegsführenden Mächte keinerlei Ressourcen mehr zum Weitermachen hatten.

Und oft trifft den Aggressor eine zunehmende Vereinsamung, die gekoppelt ist mit einem Verlust an menschlicher Nähe, Wärme und Geborgenheit.

Nicht umsonst kann man unter alleinstehenden Menschen besonders häufig dominant-aggressive Menschen finden. So bleibt – bildlich betrachtet – am Ende der Sieger allein zurück, weil der Verlierer den Ring verlässt!

Dabei existiert schon seit Langem die Erkenntnis, dass die beste Abwehr in einem ausreichenden Abstand zum anderen besteht. Hält man sich „fern vom Streit" oder von der Schlägerei, kann einem auch niemand zu nahe kommen.

Auch die von Sigmund Freud beschriebene „Verdrängung" ist nichts anderes als eine besondere Form der Distanzierung, jedoch auf der gedanklichen Ebene. Weg von den unangenehmen, einem zu nahe kommenden Sorgen, Ängsten und Konflikten!

> Damit der Abstand aber nicht zur Flucht wird, definiert die Effektive Abwehr den angemessenen Abstand als eine Art Stehenbleiben. Der Angreifer wird jedoch daran gehindert, dem Abwehrenden zu nahe zu kommen. Das kann in wenigen und kurzen Worten ausgedrückt werden oder auch das abschließende Verlassen der aggressiven Situation mit umfassen.

Die Bedeutung der Abwehr drückt sich auch in der Wahl des Geschlechts dieses Wortes aus. Interessanterweise sprechen wir in Deutschland vom Kampf in der männlichen Form („der Kampf") und setzen „die Abwehr" in die weibliche Form. Das entspricht unseren (frühen) sozialen Erfahrungen, wonach die Rolle der Mutter für das Überleben des Einzelnen wichtiger war als die Rolle des kämpfenden Vaters. Der ehemalige irakische Diktator Saddam Hussein benannte 2003 sogar die Abwehrschlacht um Bagdad gegen die amerikanischen Soldaten als „die Mutter aller Schlachten".

> Stehen Angriff und Verteidigung als Ausdruck von Extremsituationen („Immer, wenn ihr was nicht gefällt, greift sie mich an!" – „Dauernd zwingt er mich, mich zu verteidigen!"), so gilt das „ausgeglichene Maß" als der Idealzustand des menschlichen Zusammenlebens, als Gegensatz zum Fass, das „überläuft".

Auch wenn es sich z. B. um einen sportlichen „Wettkampf" handelt, ist das ausgeglichene Maß zwischen Angriff und Abwehr gefragt. Denn der sportliche Wettkampf als eine modernere Form des Kämpfens akzeptiert ebenfalls nur die faire Auseinandersetzung. Das unsportliche, aggressive Auftreten eines Sportlers hat meistens eine Strafe, oft einen „Platzverweis" und manchmal sogar einen „Gesichtsverlust" zur Folge. Und im Fußball sagt man z. B.: „Die Null muss (hinten) stehen", wenn über die Wichtigkeit der Abwehr gesprochen wird. Das Gleiche gilt für die meisten anderen Ballsportarten. Eine Mannschaft kann noch so viele Tore schießen, das Spiel wird zum Glücksspiel, wenn die Abwehr nicht gut und sicher steht. Im Fußball findet man die Mannschaften mit der besseren Abwehr meistens im oberen Drittel ihrer Liga. Diese steigen nie ab! Denn was nützt einem der beste Stürmer, wenn die Abwehrspieler entweder ununterbrochen elfmeterwürdige Fouls verursachen,

oder der Torwart nicht so lange stehen bleibt, bis der Ball auf das Tor geschossen wird, um dann angemessen reagieren zu können?
Und auch in den Kampfsportarten wird zuerst an der Abwehr, an der sicheren Deckung gearbeitet. So wird ein Boxkampf zum Glücksspiel, wenn der Boxer nicht über eine sichere Deckung, d. h. über eine stabile, gute Abwehr verfügt.

Der Grundgedanke asiatischer Selbstverteidigungs-Kampfsportarten liegt in der Abwehr eines körperlichen Angriffs! Vermutlich diente das „Einsetzen" gegenaggressiver Handlungen (den anderen „kampfunfähig machen") ursprünglich der Verhinderung von erneuten Angriffen wie z. B. von Racheaktionen. Deshalb gehen die meisten Kampfsportarten generell von der Notwendigkeit zur Anwendung eigener kämpferischer Mittel aus. Eine Ausnahme hiervon bildet das Aikido, eine asiatische Selbstverteidigungssportart, die sich ausschließlich auf die Abwehr eines möglichen Angriffs beschränkt.

Andere Formen einer erfolgreichen und gleichzeitig gewaltfreien Abwehr entwickelten sich auf gesellschaftlicher Ebene in Gestalt gewaltfreier Streikaktionen oder als gewaltloser Widerstand gegen gesellschaftliche oder politische Missstände und wurden so zu Erfolgsmodellen einer demokratischen und damit zugleich gewaltbegrenzenden Gesellschaft. Zum Beispiel Mahatma Gandhis gewaltfreier Widerstand zur Beendigung der (aggressiven) Kolonisation Indiens, der das so formulierte:
„Stärke wächst nicht aus körperlicher Kraft –
vielmehr aus unbeugsamem Willen."

Wing Tsun

Lehrsatz der ersten Grundstufe der Schülerausbildung im WT :

Natürlich gehört auf der sozialen Ebene zum „Sichwohlfühlen" noch mehr dazu als nur eine gute Abwehr. So spricht man im Fußball auch von einem „guten Mittelfeld" oder einem „guten Sturm". Ein gutes Mittelfeld könnte im Kollegenkreis oder in einer guten Partnerschaft vielleicht der Fähigkeit entsprechen, die Gefühle und Bedürfnisse anderer zu erkennen und zu verstehen. Und ein guter Sturm könnte in der Lage sein, eigene Wünsche und Bedürfnisse angemessen auszudrücken und diese auch – soweit es die Umstände zulassen – durchzusetzen. Und dennoch – was nützt einem eine gute Sensibilität, wenn man selbst immer wieder getroffen und verletzt wird? Und was hat man davon, wenn man zu eigenwillig jeden Wunsch und jedes Bedürfnis „mit Gewalt" durchsetzen kann, dafür aber niemand einen auf Dauer mehr in seiner Nähe ertragen möchte bzw. jeder Abstand zum anderen sucht?

Seit Längerem besteht auch auf der körperlichen Ebene die gesicherte Erkenntnis, dass die Immunabwehr des Menschen, also die Abwehr von Viren und Bakterien, das Wichtigste für eine gute Gesundheit ist. Und dass diese wiederum in einem direkten Zusammenhang steht mit der Fähigkeit, negativen Stress, Druck und andere psychische Belastungen zu erkennen und diese nicht nur „ertragen", sondern vor allem anderen rechtzeitig abwehren zu können.

詠春

Im WingTsun heißt es:
: *Ein vermiedener Kampf ist ein gewonnener Kampf.*

Dabei geht es darum, dem Angreifer vor dem Beginn eines Kampfes über das Vorzeigen eines sicheren Auftretens, wie z. B. die eigene Körperhaltung, wissen zu lassen, dass man in der Lage ist, einen bevorstehenden Angriff abzuwehren bzw. den Kampf zu gewinnen.

Runter mit den (negativen) Emotionen!

Unser Gehirn arbeitet am besten, wenn es unbedrängt von negativen Gefühlen ist. Dann fühlen wir uns „am wohlsten". Entspannung und positiver Druck, wie er z. B. beim Bewältigen einer mit Erfolg, Lob oder Zuwendung verbundenen Aufgabe entsteht, unterstützt unser Gehirn sogar.

Unser Gehirn ist zwar dezentral organisiert mit verschiedenen Funktionszentren, die miteinander in „Netzwerken" verbunden sind, ähnlich wie zusammenarbeitende Computernetzwerke, doch besitzt es drei für unser seelisches Wohlbefinden besonders wichtige funktionale Netzwerke. Diese sind das „ausführende" Netzwerk, das für unseren Verstand, für unsere Denkfunktionen zuständig ist, das „emotionale" Netzwerk, das für die Verarbeitung von Gefühlen verantwortlich ist, sowie das „Ruhestandardnetz", das im Ruhezustand aktiv wird. Dabei dominieren das ausführende Netzwerk und das Ruhestandardnetz unser Bewusstsein, während das emotionale Netzwerk nur in bestimmten Situationen das „Steuerruder" übernimmt. Im Normalfall „schottet" uns das ausführende Netzwerk vor „Ablenkungen" und gegen Unwichtigeres aus unserer Umgebung ab.

Amerikanische Forscher fanden kürzlich heraus, dass eine zentrale Schaltstelle des ausführenden Netzwerkes als Teil unseres Bewusstseins im sogenannten „Zwischenhirn", dem Thalamus liegt[06]. Dort laufen verschiedene Sinneseindrücke wie das Sehen, das Hören und das Fühlen zusammen. Der Thalamus besitzt die Fähigkeit, mit nur wenigen, dafür aber sehr hochfrequent gefeuerten Impulsen andere Sinneseindrücke zu übertönen und diese damit zu unterdrücken.

In einer weiteren, erst kürzlich erschienenen wissenschaftlichen Untersuchung über Zwangsstörungen[07], eine Erkrankung, die durch unsinnige, häufig selbstschädigende und sich immer wiederholende Gedanken und Handlungen gekennzeichnet ist, wurde ebenfalls – mittels funktioneller Magnetresonanztomografie – festgestellt, dass bei Menschen mit schweren Waschzwängen ein umfangreiches Netzwerk von Nervenzellen aktiv ist, das die Zentren von Emotionen, von Gefühlen also, in den Mittelpunkt der Reaktionsabläufe stellt.

Die Autoren dieser Studie folgerten daraus, dass „die Stärke der dargestellten Reize" ein „hohes Ausmaß an Emotionen" hervorruft, „welche die kognitiven Komponenten teilweise überlagern". Sie schlossen mit dem Satz: „In der Psychotherapie könnte gezielter auf die emotionale Übererregbarkeit der Patientin eingegangen werden und Umgangsmöglichkeiten mit starken Emotionen erlernt werden."

Geraten wir also unter negativen Druck, steigen in uns – aus irgendwelchen Gründen – positive oder negative Gefühle stark an, dann übernimmt das emotionale Netzwerk zum Ausdruck von Gefühlen die Kontrolle. Unser „Verstand" wird dann von emotionalen Impulsen überlagert. Wir „verlieren den Verstand" und die „Kontrolle über uns" und können nicht mehr „klar denken". Das läuft so ab, wenn wir uns heftig verlieben, aber auch wenn wir stark unter Druck stehen und vor irgendetwas Angst haben. Und wenn wir heftig bedroht werden, übernimmt ein uns angeborenes, reflexartig ablaufendes Notfallreaktionsprogramm das Steuer. Dabei gilt, je stärker wir uns bedroht fühlen und je höher die Impulsfrequenz des emotionalen Netzwerkes, umso energischer „ergreift" das reflexartig ablaufende Notfallreaktionsprogramm das Kommando über unser Handeln. Allerdings ist dieses Notfallprogramm nicht dazu geeignet, uns einen vollständigen, umfassenden Überblick über das Geschehen zu vermitteln. Uns „mit Maß und Verstand" zu schützen, es soll uns nur den Weg frei machen und uns irgendwie retten. Es gehorcht – wenn es erst mal die Kontrolle übernommen hat – nicht mehr dem Verstand, also dem „ausführenden" Netzwerk in unserem Gehirn, sondern nur noch instinktorientierten und angelernten, automatisierten Reaktionsmustern. Ein Beispiel eines angelernten und dann automatisierten Notfallreaktionsverhaltens sind z. B. die automatisierten Reaktionen von Rennfahrern während eines Unfalls.

So antwortete der deutsche Formel-1-Rennfahrer Sebastian Vettel auf die Frage, ob das Gehirn bei Unfällen ein Notfallprogramm gespeichert habe: „Gewisse Maßnahmen sind antrainiert, z. B. die Hände vom Lenkrad zu nehmen … Und ich kreuze die Arme vor der Brust, damit sie nicht wild herumschleudern"[08].

Das Eingreifen unseres angeborenen Notfallsystems hat Vor- und Nachteile für uns. Ein Vorteil ist, dass wir nicht lange überlegen müssen. Ein Nachteil ist, dass wir unter Druck und in Not ohne antrainierte und anschließend automatisierte Abwehrtechniken nicht immer den klügsten oder den besten Weg wählen und manchmal sogar reagieren, wo es gar nicht erforderlich ist. Geraten wir also unter negativen Stress oder werden wir von belastenden Gefühlen getroffen, steigt unser Erregungs- und Anspannungsniveau an, ängstliche Gefühle kommen bewusst oder unbewusst in uns hoch und unser Zentrum für das Denken und Handeln gerät mit seiner Aufgabe, unsere Handlungen konzentriert und effizient auszuführen, in Schwierigkeiten. Dann wird unser „Verstand" von negativen Emotionen „überflutet", von Ängsten vor Kränkung, vor Entwertungen, vor Niederlagen und vor fantasierten Verlusten aller Art.

Das Ergebnis dieser Studie gilt genauso für selbst erzeugten Druck. Auch dieser kann uns massiv beeinträchtigen und unsere freie Handlungsfähigkeit drastisch einschränken.

Wing Tsun

Die Abwehr im WT-Kung-Fu beginnt mit der Herstellung der notwendigen Distanz zum Angreifenden durch die beiden nach vorne gehaltenen Arme des Abwehrenden.

Dazu lernt der WT-Schüler als Erstes reflexartig den linken Arm mit der aufgestellten Handinnenfläche und – etwas nach hinten versetzt – den rechten Arm mit der allerdings zur Faust geformten Hand nach vorne auszustrecken.

Deshalb geht es im System der Effektiven Abwehr darum, entweder das Eindringen zu starker und zu belastender Emotionen in das Netzwerk unseres Gehirns mithilfe der reflexartig eingesetzten Abwehrmittel der Effektiven Abwehr zu verhindern. Oder darum – wenn unser inneres Alarmsystem bereits rasant hochgefahren ist (auch wenn wir das vielleicht gar nicht nötig hätten) –, die aufkommenden Ängste sowie den erhöhten inneren Anspannungszustand möglichst schon während oder nach aggressiven Konflikten schnell wieder auf ein erträglicheres, normales Maß herunterzudrücken, um handlungsfähig zu bleiben!

詠春

Beide Arme, die von den Schultern wie ein Keil nach vorne zusammenlaufen und falls erforderlich gehoben oder gesenkt werden, halten den Angreifer auf Abstand und dienen zugleich der Abwehr von Schlägen. Sie schützen so die eigene zentrale Mitte, also besonders den Kopf und den Oberkörper, vor den Treffern des Angreifers und halten damit gleichzeitig die Distanz aufrecht, die erforderlich ist, um nicht selbst von den Fäusten und Armen des anderen getroffen zu werden.

Zusammen mit dem sicheren Stand und dem auf dem hinteren Bein ruhenden Körpergewicht ist das die klassische Abwehrposition im WT-Kung-Fu.

Die Angst vor dem eigenen : Nein

Viele Menschen, die sich in einer schwierigen, konfliktträchtigen Situation anderen gegenüber befinden und sich dazu entschließen, eine Therapie anzufangen, befürchten mit einem standhaften, einem grundsätzlichen und belastbaren „Nein" jemand anderen zu verstimmen. Jemanden wütend zu machen oder irgendeine andere (schreckliche) Reaktion hervorzurufen. Sie schrecken zurück vor ständigem Unfrieden, vor Streit und Niederlagen, vor der Wut und dem aggressiven Druck ihres Gegenübers, ihres Vorgesetzten, ihrer Kollegen oder ihres Partners.

Viele Menschen befürchten auch, etwas falsch zu machen, und haben Angst vor den aggressiven Reaktionen des anderen. Angst, auf die möglicherweise durch das eigene „Nein" ausgelösten Ärger- oder Wutattacken des anderen nicht angemessen reagieren zu können. Und sie haben Angst vor den – ihnen immer wieder neu – angedrohten Konsequenzen ihres „Neins". Angst vor Drohungen mit dem Verlust des Arbeitsplatzes und vor der Trennung durch den Partner.

Der Volksmund hat daraus – zum Aufzeigen einer neuen Perspektive – die Aufforderung „Lieber ein Ende mit Schrecken als ein Schrecken ohne Ende" gemacht.

Viele Menschen, die Angst davor haben, auf Druck und Aggressionen mit einem angemessenen „Nein" zu antworten, befinden sich in so einer „Schreckensspirale" ohne Ende. Ein Schrecken, den sie selbst oft nicht als solchen bezeichnen würden.

Wing Tsun

Im WingTsun lernt der Schüler, den Angreifer nicht mit Kraft, sondern mit reflexähnlichen fließenden Bewegungen abzuwehren. Also in der Auseinandersetzung weich und flexibel zu bleiben, anstatt hart, verkrampft und unbeweglich zu werden.

„Es wurde zum Normalzustand", wie es ein Patient ausdrückte. Dagegen hätten seine Freunde ihm „schon lange gesagt: Wie hältst du das aus? Wie kannst du das nur so lange mitmachen? Warum wehrst du dich denn nicht?"

Viele Menschen haben auch Angst, an den Veränderungen zu scheitern, die mit einem abwehrfähigen „Nein" verbunden sein könnten. Wegen der damit verbundenen Ungeübtheit und der Unsicherheit, einen neuen, unvertrauten Weg zu gehen. Angst davor, wie ihr Weg in Zukunft aussehen könnte.

Stellen Sie sich vor, Sie gehen einen bekannten Weg und entschließen sich, diesen Weg nicht mehr weiterzugehen. Als Folge daraus müssten Sie jetzt einen neuen Weg einschlagen. Aber Sie merken auf einmal, dass Sie davor zurückschrecken. Denn Sie wissen nicht, wohin dieser neue Weg Sie führen würde. Sie wissen nicht, ob Sie, nachdem Sie diesen neuen Weg eine Zeit lang gegangen wären, mit diesem Weg zufrieden sein würden oder ob dort Gefahren auftauchen könnten. Ob Sie dann wieder so mutig wären, und sich einen anderen Weg suchen würden? Vielleicht würden Sie aber auch umkehren wollen? Würde das noch möglich sein? Könnten Sie sich verirren? Vielleicht würden Sie auch außer Acht lassen, dass Sie mit der Zeit erfahrener würden und neue Wege und ihre möglichen Gefahren vorausschauender einschätzen könnten, d. h., dass ihre Lebenserfahrung im Verlauf ihres Weges zunehmen würde. Sie fühlten sich plötzlich unsicher und gehemmt und reagierten nur noch zögernd. Oder Sie würden erst einmal stehen bleiben und grübeln und grübeln und grübeln …

„Mein selbst gemachter Käfig", wie es mal eine Patientin beschrieb.

Diese Techniken helfen dem WTler, schneller zu reagieren, wenn es zum Angriff, zum Körperkontakt kommt. Er erkennt die Aktionen seines Gegenübers nicht erst über den Umweg des Sehens, sondern spürt bereits dessen (An-)Griffe über die sensible körperliche Wahrnehmung.

Ich will Abstand:
das IWA-Konzept der Effektiven Abwehr

Im Fußball, in den anderen Wettkampfsportarten und auf dem Schlachtfeld sind zwei Dinge von zentraler Wichtigkeit: die Taktik (der „Schlachtplan") und die Ordnung im Ablauf des Geschehens. Verliert also eine Fußballmannschaft ihre taktische Ordnung, weil Spieler ihre „Zuordnung" zu der ihnen vorher vom Trainer zugewiesenen Position oder zu ihrem Gegenspieler aufgeben, z. B. weil sie „kopflos" auf den Ball zurennen, so kann der Gegner durch einen klugen Pass den jetzt frei gewordenen Mitspieler einsetzen und für diesen ist der Weg zum Tor frei.

Und auch in den Schlachten früherer Tage verlor immer die Armee, deren Soldaten die „Schlachtordnung" aufgaben oder schlimmstenfalls „Hals über Kopf" wegliefen. Führte der Gegner also plötzlich neue Truppen heran, so konnte es gut passieren, dass die abwehrenden Truppen ihren Mut verloren und sich „ungeordnet" zurückzogen. Schafften sie es jedoch, sich geordnet zurückzuziehen, so erzielte der Gegner zwar Geländegewinne, aber er konnte den „entscheidenden Stoß" nicht erreichen. Im Gegenteil, rückte das angreifende Heer hinterher, kostete es diesem häufig mehr Kraft und der Angriffselan verging recht schnell wieder.

Das zeigt, wie wichtig ein Konzept oder eine Taktik ist und wie wichtig auch eine gewisse Grundordnung ist. Sowohl für das „ausführende" Netzwerk in unserem Kopf als auch für uns bei der Abwehr gegen Druck und Aggressionen. Und machen Sie einen „Schritt zurück", heißt das, dass sie vielleicht etwas von der geordneten Abwehr aufgegeben haben. Also dass Sie vielleicht seltener die kurzen Das-Sätze geübt haben oder sich wieder (mehr) zum Mitkämpfen haben verleiten lassen.

Um die Ordnung der Effektiven Abwehr aufrechtzuerhalten, ist es deshalb hilfreich, sich ein dreistufiges Vorgehen einzuprägen, die IWA-Schritte.

Der erste Schritt beginnt mit der Identifizierung,
also der Erkennung von Druck oder Aggressionen.

> Gerade Druck, an den man schon gewöhnt ist, fällt einem häufig nicht mehr so auf. Auch der, von dem der Druck ausgeht, versteht seine Handlungen, seine Aggressionen und Egoismen meistens nicht als Druck, sondern als gerechtfertigt. Oder der Druck bzw. die Aggression wird geleugnet, weil es für den Aggressor zu einem Bestandteil des Verhaltens, seines Wesens geworden ist. Das Identifizieren von Druck und Aggressionen ist auch deshalb so wichtig, weil Sie sonst in etwas Aussichtsloses mit hineingezogen werden können, wieder in einen Streit oder eine sinnlose Diskussion, etwas, was Sie vermutlich überhaupt nicht mehr wollen. Aus dem Sie sowieso in aller Regel als der Verlierer hervorgehen werden.

Der zweite Schritt besteht in der Frage:
„Was kann mir schlimmstenfalls alles passieren?"

> Sind Sie bereits erfahren im Ertragen und Aushalten von Druck und Aggressionen, so wissen Sie vom Verstand her: nicht viel mehr als bisher auch schon, nur im allerschlimmsten Fall eine Trennung oder die Kündigung! Aber wird man wirklich wegen jeder Kleinigkeit gleich gekündigt oder verstoßen? Die Antwort lautet in den allermeisten Fällen: „Nein!" Im Gegenteil, gerade im Beruf und im Alltag gewinnt man mit einem angemessenen, abstandswahrenden „Nein" an Achtung und Anerkennung. Und in der Regel geben dominant-aggressive Menschen erst dann nach, wenn sie feststellen, dass die neu gesetzte Grenze ernst gemeint wird und stabil bleibt.

Der dritte Schritt besteht dann nur noch darin,
Ihre Abwehr geordnet anzuwenden.

> Dazu finden Sie im anschließenden dritten Teil dieser kleinen Anleitung die passende Trainingsanleitung. Doch zuvor sollten Sie in der Lage sein, die offenen und versteckteren Formen von Aggressionen zu identifizieren.

Zusammengefasst lauten die drei Schritte des IWA-Konzepts also:

1 : Identifizieren.
2 : Was kann schlimmstenfalls passieren?
3 : Abstand herstellen, die automatisierten Mittel der Effektiven Abwehr entgegenhalten.

Grundformen sprachlicher Angriffe und deren Erkennung

So merkwürdig es klingt: Das Erkennen von Aggressionen fällt uns nicht so leicht, wie wir vielleicht meinen. Viele Patienten, die zu mir kommen, sind immer wieder aufs Neue erstaunt, wenn ich mit ihnen bestimmte Situationen bespreche und sie darauf hinweise, wie viele dieser Situationen schon als aggressiv bewertet werden könnten (oder sollten). Die rechtzeitige Identifizierung eines „unterschwellig" aggressiven Verhaltens (am besten schon gleich zu Beginn einer neuen Beziehung oder im neuen Mitarbeiterkreis), zählt mit zu den wichtigsten Grundvoraussetzungen, um sich auf Dauer in einer neuen Umgebung und mit einem neuen Partner wohlfühlen zu können. Deshalb gilt z. B. in Beziehungen genauso wie im Beruf, dass je früher man ein aggressiv-dominantes Verhaltensmuster bei anderen erkennt, man sich zeit- und kraftraubende Auseinandersetzungen ersparen kann. Die so gewonnene Kraft und Zeit kann man dann schneller in die nächste Beziehung bzw. in die Suche nach einem neuen Job investieren.

Erfolg ist auch das Ergebnis von Häufigkeit, d. h., je mehr Zeit und Kraft man zur Verfügung hat, umso häufiger kann man einen neuen „Anlauf" nehmen und umso höher ist am Ende die Aussicht auf Erfolg!

Ein Patient von mir äußerte einmal seine Verwunderung über ihm bis dahin unbewusst gebliebene Attacken seiner Umgebung, auf die er jedoch immer wieder mit massiven körperlichen Symptomen reagierte, so: „Es gibt Sachen, die sind für mich so normal, dass ich nie auf den Gedanken käme, mich dagegen zu wehren."

Oft kommt dann als Nächstes die Frage, wie man denn einen Angriff definieren würde? Darauf antworte ich dann, dass grundsätzlich solche Situationen als aggressiv verstanden werden können, in denen jemand auf einen anderen zukommt oder diesen anspricht, und es entsteht im anderen ein Gefühl von Unwohlsein. Das reiche schon, um eine Situation als aggressiv einzuordnen.

Auch Sie können subtilen, versteckten oder unterschwelligen Druck daran bemerken, wie sich Ihr Gefühl in dem Moment verändert. Da kommt ein „ungutes Gefühl auf", der „Bauch beginnt sich zu melden", man fühlt sich plötzlich irgendwie unwohl oder wird selber aggressiver.

Zur Identifizierung von Aggressionen gehört auch die Unterscheidung zwischen offenen und versteckten Formen von Aggressionen. Zu den versteckteren Formen zählen z. B. ironische und spöttische Sätze und Kommentare, versteckte Vorwürfe und versteckte Unterstellungen. Aber auch (versteckte) Entwertungen und die mehr oder weniger deutlich gezeigten oder geäußerten Enttäuschungen eines anderen (wenn man nicht deren ausgesprochenen oder unausgesprochenen Verhaltenserwartungen Folge leistet) sind Äußerungen von Druck und damit aggressiv (oder können es zumindest sein).

Das Gleiche gilt für vorwurfsvolle Tränen, die bevorzugt mit Sätzen verbunden werden, die ein

Immer :
oder ein
Nie :

enthalten, deren Wahrheitsgehalt jedoch für einen neutralen Beobachter spontan nicht überprüft werden könnte.

Der Volksmund spricht dann von „Krokodilstränen" oder davon, dass jemand „auf die Tränendrüsen drückt", und hebt durch die Verwendung des Wortes „drückt" den aggressiven Charakter dieser besonderen Form von verdecktem Druck hervor.

Auch Scheinfragen, also Fragen, die keinen echten Erkenntnisgewinn bezwecken oder auf die es keine vernünftige Antwort gibt, zählen dazu. Sätze wie:

Was hast du dir denn dabei gedacht? :
(du bist zu dumm zum Denken!)
oder ein lockeres
Warum verunstaltest du das denn so? :
(das ist ja so hässlich!)

sind in Wirklichkeit aggressiv.

Das gilt ebenso für Vergleiche mit anderen, negativ bewerteten Menschen, die versteckt oder offen geäußert werden können

Du bist wie deine Mutter/dein Vater! :

Der folgende Vergleich wurde mir von einer jugendlich wirkenden und von ihrem Selbstverständnis her recht hübschen Mutter berichtet, die diesen auf einer Feier von einer sogenannten „guten Bekannten" ins Gesicht gesagt bekam:

Es gibt hier niemanden, der so
gut aussieht, wie deine Tochter! :

Normal wäre es gewesen, wenn diese Bekannte die Tochter der Frau z. B. mit den Worten gelobt hätte:

Deine Tochter sieht heute aber klasse aus. :

Auch unerbetene Ratschläge und Empfehlungen zählen häufig zu den versteckten Aggressionsformen. Manchmal reicht es auch schon, jemandem den Vorschlag zu machen, einen anderen zur Lösung eines scheinbaren Problems mit hinzuzuziehen. Das hängt dann davon ab, wie Sie sich bei einem solchen „Vorschlag" fühlen.

Generell gilt allerdings der Satz „Ungefragt gib mir keinen Rat".

Genauso kann schon ein verstecktes Hochziehen der Augenbraue „unterschwellig" aggressiv gemeint sein oder ein genervter Blick. Sogar Gleichgültigkeit und Desinteresse können eine aggressive Wirkung „ausdrücken".

Und dann gibt es noch den sogenannten „Erwartungsdruck", mit dem von einem ein bestimmtes Verhalten oder eine bestimmte Leistung oder sonst etwas verlangt wird. Eine spezielle Form des Erwartungsdrucks ist der sogenannte „umarmende" oder „Umarmungsdruck". Dabei wird dem Empfänger des Drucks mit erhöhter Freundlichkeit, manchmal mit fast euphorischen Beschreibungen versucht, „etwas schmackhaft zu machen". Trotzdem spürt der Empfänger des Drucks, dass es ihm sehr schwer gemacht wird, standhaft zu bleiben oder das Angebot abzulehnen

Das ist eine hervorragende Gelegenheit für Sie, eine einmalige Chance, so was kommt nie wieder! :

Es ist also gar nicht so einfach, versteckte oder unterschwellige Aggressionen zu erkennen oder diese offen als solche anzusprechen. Sie werden als „nicht so schlimm" dargestellt, dass das „nur als Spaß" gedacht gewesen sei, oder auch so:

Der ist nun mal so. :
Das meint der nicht so. :

Damit werden auch ironische, spöttische oder versteckt entwertende Äußerungen sehr zu Unrecht verharmlost.

Dagegen bereiten die eindeutigeren, offenen Ausdrucksformen von Aggressivität keine Erkennungsprobleme. Also einseitige Schuldzuweisungen, Beleidigungen, Drohungen und Kränkungen, offene Entwertungen und natürlich offener Druck, also Sätze wie

Fang doch endlich an! :
oder
Wie lange dauert das denn noch? :

Dazu zählen auch Befehle, Zwangsmaßnahmen und nicht zuletzt körperliche Gewalt oder der Gebrauch von Waffen etc.

Zu den direkteren Formen eines aggressiven Vergleiches gehört auch der landläufig bekannte Versuch der direkten Abwertung durch den Vergleich mit einer negativ besetzten Person wie:

Du bist schlimmer als … :
Du bist genauso dumm wie dein Vater/deine Mutter :
oder so ähnlich.

Zu den offenen Formen von Aggressionen zählen natürlich auch die „Generalvorwürfe", z. B. Sätze wie:

Nie machst du, was man dir sagt! :
Immer bist du so gemein! :
Du zerstörst mir das Leben! :
Du machst mich noch kaputt! :
Du bist zu viel zu langsam! :
… zu laut! :
Du bist so … :
Du bist anders … :

Jeder Vorwurf, und besonders der mit einem „Du" davor, stellt einen Angriff dar, der die Empfänger des Vorwurfs dazu zwingt, sich zu verteidigen, das „Visier herunterzulassen" bzw. „die Schotten dicht zu machen".

Dann gibt es auch noch die sogenannten übergriffigen Formen von Aggressionen, wo man z. B. sein Gegenüber zu etwas drängt und ihm die Antwort gleichzeitig abnimmt, Sätze wie

Das macht dir doch bestimmt nichts aus. :
Du hast doch bestimmt gerade nichts zu tun. :
Das schaffen Sie doch noch. :
Der Rasen muss noch gemäht werden,
wann machst du das denn? :

Und schließlich sind da auch noch die selbstaggressiven, also gegen sich selbst gerichteten Angriffe (der Innere Aggressor). Dazu gehören z. B. Selbstvorwürfe, Selbstentwertungen und überzogene Selbstkritik, alles Aggressionen, die in Verbindung mit einem „Ich" geäußert werden, wie z. B.

Das schaff ich nie. :
Ich bin zu dumm dazu. :
Ich bin zu hässlich. :
Ich bin zu unscheinbar. :
Ich bin zu dick. :
usw.

Selbstaggressive Attacken wirken sich leider mit am stärksten auf uns aus. Auch der „Erwartungsdruck" spielt bei der Entstehung des selbst gemachten Drucks eine größere Rolle. Der Innere Aggressor zeigt sich sehr gerne über bewusste oder unbewusste, stark überhöhte Selbstanforderungen und Leistungs- und Perfektionserwartungen an die eigene Person.

Ein Patient erzählte mir dazu folgendes Beispiel für die Wirksamkeit eines ihm anfangs unbewussten Erwartungsdrucks:

„Neulich sollte ich meiner Ex-Frau dabei helfen, ein kleines Stück ihres Hofes neu zu pflastern, und da ich in handwerklichen Dingen ziemlich geschickt bin, dachte ich, klar, das mach ich gerne. Ich bereitete also alles vor – doch als ich anfangen wollte, da ging das plötzlich nicht! Meine Hand wollte einfach nicht anfangen. Ich hab es dann noch einmal versucht, und es ging wieder nicht. Bis mir auf einmal der Gedanke kam, … das ist ja nicht für dich' und da konnte ich dann anfangen …"

„Der Feind sitzt im eigenen Haus", könnte man sagen.

> Der „Feind im eigenen Haus", also der Innere Aggressor, das sind die über viele Kinder- und Jugendjahre gehörten und verinnerlichten, häufig massiv überzogenen, abwertenden und kleinmachenden Regeln und Gebote ehemals kühler oder strenger, bestimmender und ausschließlich auf sich bezogener Bezugspersonen, deren negative Sichtweise auf die eigene Person man schließlich verinnerlicht hat. Bis man sich selbst so (negativ) sieht oder sich selbst genau so viel Druck macht, wie man ihn früher schon erhielt.

Eine unbewusste Form einer selbstschädigenden Abwehr des Inneren Aggressors stellt die von Freud so genannte „Projektion" dar. Dabei werden eigene negative Persönlichkeitsmerkmale oder Wesenszüge einem anderen zugeschoben. Das hat den scheinbaren Vorteil, dass der andere dann gemieden und auf Abstand gehalten werden kann – während man sich selbst ja nicht auf Abstand halten bzw. sich selbst meiden kann. Zu den typischen Projektionen gehören z. B. auch die immer wieder gleichlautenden Schuldzuweisungen oder „Du-Vorwürfe" dominant-aggressiver Menschen.

Du bist immer so abweisend,
wenn man dich um was bittet! :

Die ersten drei Formen des menschlichen Abwehrverhaltens

Bis hierher haben wir uns mit dem Erkennen und mit den Folgen der verschiedenen Aggressionsformen beschäftigt. Ab jetzt geht es um die angemessene und effektivste Form der Abwehr von Druck und (nicht körperlicher) Aggressionen. Das System der Effektiven Abwehr setzt da an, wo die Evolution aufgehört hat: Bei der reflexhaften Schutzreaktion, mit der unser Überleben sichergestellt werden sollte. Da das menschliche Abwehrverhalten noch aus der Zeit unserer gemeinsamen Evolution mit den Tieren stammt, ist es auch nur eingeschränkt von unserem Verstand zu beeinflussen. Es läuft weitgehend reflexhaft, automatisch ab. Es ist in unserem Gehirn unterhalb der Netzwerke für den Verstand und das Gefühl verankert, also nicht im Großhirn, sondern eine Etage tiefer (es entstand entwicklungsgeschichtlich früher als unser Großhirn) im sogenannten Stammhirn, dort, wo auch unsere (Schutz-)Reflexe ihren Ursprung nehmen.

Die meisten Menschen kennen die drei geläufigsten Abwehrverhaltensweisen: den Gegenangriff, das Fluchtverhalten und das Sich-tot-Stellen bzw. die Schreckensstarre, manchmal auch „die Ohren auf Durchzug stellen".

Die erste Form, den Gegenangriff zur Abwehr unangenehmer Vorhaltungen oder Forderungen, setzen überwiegend die dominanteren Menschen ein.

„Angriff ist die beste Verteidigung", wie es im Volksmund heißt.

Die Menschen, die zu dieser Spezies gehören, reagieren z. B. - wenn sie sich angegriffen fühlen – mit einer gereizt-erhobenen Stimme und „schlagen" mit aggressiven Worten zurück. Oder sie setzen Drohgebärden ein („Wenn mich jemand dumm anmacht und ich ihn auf Abstand halten will, dann gehe ich etwas auf ihn zu, das reicht dann meistens schon").

Auch „Ausreden" werden von dominant-aggressiven Menschen gerne benutzt, selbst sehr leicht zu erkennende Ausreden, mit denen ein anderer nicht ernst genommen würde, können einen verdeckt aggressiven Charakter haben.

Der Volksmund spricht dann von den „faulen Ausreden" und stellt damit diese Form der Faulheit den Aggressionen gleich.

Dominant-aggressive Menschen hören, wenn sie „losgelegt" haben (und man sich nicht mit „passenden Worten" behaupten kann), meistens erst dann auf, wenn man die „weiße Fahne hisst", kapituliert und sich „unterwirft". Erst wenn „die Wut verraucht ist" und die „Energie verbraucht" wurde. Und das dauert besonders bei dominanten Menschen manchmal ziemlich lange.

Dominant-aggressive Menschen gehören zu den Menschen, die besonders kränkbar sind und Kritik nicht oder nur sehr schlecht ertragen. Unglücklicherweise merkt man das aber oftmals nicht, da diese das mit ihrer Dominanz verdecken können.

Die zweite Form der Abwehr besteht aus dem klassischen Verteidigungs- oder Fluchtverhalten. Werden Menschen mit dieser Abwehrform angegriffen, weichen sie zurück, bis sie „mit dem Rücken an der Wand stehen". Diese Menschen neigen eher dazu, sich unter Druck zu entschuldigen und sich zu rechtfertigen, auch wenn sie den Streit nicht begonnen haben und nicht „im Unrecht" sind. Oder sie versuchen den anderen zu besänftigen, was ebenfalls nicht zu den erfolgversprechenderen Mitteln zur Abwehr von Aggressionen zählt. Man fühlt sich dann in aggressiven Situationen hilflos oder bloßgestellt und sucht unter Druck nach „passenden" Worten, ohne dabei dem Gegenüber „Paroli" (italienisch „das Gleiche") bieten zu können. Man ist nicht mehr in der Lage, sich mit „den eigenen Worten" zu behaupten und „lässt sich in die Enge treiben" oder man kann vielleicht gerade noch „die Kurve kriegen". Andere wiederum versuchen, sich „aus der Affäre zu ziehen".

Und noch ein anderer Teil versucht, sich über das Mitkämpfen zu behaupten. Am Ende geben sich aber auch diese nach einer mehr oder weniger heftigen Gegenwehr „geschlagen" oder werden „in die Flucht getrieben".

Generell gilt die Erfahrung, dass, wenn man sich dazu „hinreißen" lässt, zurückzuschlagen und mitzustreiten, man nur sehr, sehr selten gewinnt. Denn meistens ist der Angreifer viel erfahrener im Angreifen, aggressiver, lauter, cleverer und verletzender als man selbst. Oft ist es auch so, dass man zwar das Gefühl hat, gut dagegengehalten und mitgekämpft zu haben, sich hinterher aber so erschöpft und leer fühlt, oder so aufgebracht ist, dass man nicht zur Ruhe kommt, weil man den Angreifer erst wieder „aus sich heraus" bekommen muss. Und auch das dauert erfahrungsgemäß einige Zeit. Und sollten Sie doch mit einem Gefühl des Sieges das Schlachtfeld der Auseinandersetzung verlassen können, so dürfen Sie sicher sein, ziemlich bald die Quittung dafür „vorgelegt" zu bekommen. Ihr unterlegener Angreifer wird den Versuch unternehmen, sich für seine Niederlage zu rächen. Das geschieht dann in Form von neuen Vorwürfen, versteckten oder auch offenen Attacken, z. B. dass hinter Ihrem Rücken über Sie schlecht gesprochen wird.

Wing Tsun

Im WingTsun wird die Gefahr von „Racheaktionen" als nicht so groß angesehen, da die Kung-Fu-Techniken des WingTsun ja nicht als systematisch einzusetzende Angriffswaffe entwickelt wurden, sondern als Mittel zur Abwehr einmaliger, häufig überraschender Angriffe, die von Menschen ausgeführt werden, zu denen man vorher und hinterher meistens keinen Kontakt mehr hat. Aber selbst in einer Notwehrsituation wird vor Gericht auf die Verhältnismäßigkeit der eingesetzten Mittel streng geachtet.

Deshalb lernt der WT-Schüler gleich zu Beginn des Selbstverteidigungstrainings seine notfalls gegenaggressiven Abwehraktionen mit lauten, zur Einstellung der Aggressionen auffordernden Worten zu begleiten.

Nehmen Sie einmal an, Sie würden von Ihrem Gegenüber angegriffen und es gelänge Ihnen, den Angreifer mit einem glücklichen oder einem gezielten „Schlag" zu besiegen. Oder Sie würden vielleicht beleidigt, entwertet oder mit ungerechten Vorwürfen überschüttet und Sie reagierten ihrerseits gegenaggressiv und erregt und wären in dem Moment in der Lage, den anderen mit einem Satz „dumm dastehen" zu lassen. Sie können sicher sein, dass derjenige hinterher versuchen würde, die Niederlage „wiedergutzumachen". Also Sie noch einmal anzugreifen oder Sie überall da, wo man Sie kennen würde, in „ein schlechtes Licht zu stellen". Und wenn man das „blaue Auge" ihres Gegners sehen könnte, und dieser würde erzählen, Sie hätten ihn geschlagen, so kämen nur wenige Menschen auf die Idee, erst einmal nachzufragen, wer denn mit der Gewalt angefangen habe. Denn auch hier würde generell gelten, dass der, der härter zugeschlagen hat, in den Augen der anderen zuerst einmal als der Aggressivere betrachtet wird. Also würde Ihr unterlegener Gegner überall erzählen, was für ein gemeiner und böser Mensch Sie seien, wie Sie ihn beleidigt oder „fertiggemacht" hätten. Nur die wenigsten würden da nachfragen, wie es denn zu so einer Auseinandersetzung gekommen wäre und was der andere gesagt oder getan hätte.

Die „Schreckensstarre" als die dritte Form der angeborenen Abwehr trifft man eher bei den sehr schweren Formen psychischer oder körperlicher Gewalt an. Diese kommt in unserer Gesellschaft in der klassischen Form, dem früher häufiger auftretenden hysterischen Anfall, nur noch selten vor.

詠春

: *Das reicht doch!*
: *Friede jetzt!*
: *Aufhören!*

Damit lenkt der WTler die Aufmerksamkeit der Öffentlichkeit auf die Entstehung der dann folgenden Notwehraktion, etwas, was für diesen hinterher im Falle eines juristischen „Nachspiels" sehr wichtig sein kann. Der WTler weist so darauf hin, von wem der Angriff ausgeht und dass er sich in einer Notwehrsituation befunden hat.

Die vierte Form des menschlichen Abwehrverhaltens

Während die bisher aufgeführten Formen der menschlichen Abwehr in unserem Gehirn unterhalb der Großhirnrinde angesiedelt sind, also entwicklungsgeschichtlich früher entstanden als unser Denken und unsere Sprache, gibt es eine vierte Ebene der Abwehr, nämlich diejenige der sprachlichen Abwehr, die zusammen mit unserer sprachlichen Verständigung (das kommt von Verstand!), dem Erklären, Argumentieren und dem Verstehen für sich selbst und für andere in unserer linken Großhirnhälfte sitzt. Diese vierte Ebene der Abwehr hat keinen direkten Einfluss auf die reflexhaften Abwehrmechanismen, sondern erhält diesen nur über den Umweg mit dem unterhalb der Großhirnrinde sitzenden Abwehrzentrum. Deshalb braucht es auch die Übungen und die Beschränkung auf wenige, kurze Sätze und Regeln zur Automatisierung, um den Nachteil des etwas längeren Reaktionsweges auszugleichen.

Die Fähigkeit, uns jederzeit angemessen, effektiv und kräfteschonend zu behaupten, z. B. in einem Streit, unter Druck von außen stehend oder in einer Übergriffssituation, ist uns Menschen also nicht mit in die Wiege gelegt worden. Wir setzen zwar nicht mehr wie früher unsere Ahnen unsere Hände und Füße als Waffen ein und „begreifen" auch allmählich, dass uns die im Laufe unserer Entwicklung entwickelten Waffen nicht mehr weiterbringen, aber wenn wir mit Worten angegriffen werden, wenn dominant-aggressive Menschen meinen, ihre Aggressionen, ihr Macht- oder Geltungsstreben an einem abreagieren zu müssen, dann stehen wir häufig „auf dem Schlauch". Die Quälgeister und die sich absolutistisch aufführenden Menschen unserer Umgebung haben sich weitgehend auf das laute Schimpfen und Schreien verlegt oder setzen sich mit offenen oder versteckteren Drohungen durch. Und dagegen hilft auch das Weglaufen nicht mehr wie vielleicht noch in früheren Zeiten.

Das System der Effektiven Abwehr gegenüber Druck und Aggressionen, das in diesem Buch beschrieben wird, kann man verkürzt auch als das „Das-System" bezeichnen. Ich habe es so genannt, weil kurze Das-Sätze die wichtigste Funktion im System der Effektiven Abwehr haben.

Das Das-System baut im Wesentlichen auf drei Grundprinzipien auf:

Das erste Grundprinzip besteht darin, dass man sich auf kurze, sogenannte Das-Sätze beschränkt, die alle mit einem „Das" beginnen ,z. B.

: Das passt jetzt nicht
oder
: Das reicht jetzt"

Worte, die mit einem „D" beginnen, sind zur Druckabwehr besonders gut geeignet, da das D in unserer Sprache der druckvollste, der dominanteste Buchstabe ist, der uns zur Verfügung steht. Das D entsteht – wie auch die anderen Formen effektiver Abwehrmaßnahmen – ganz vorne. Es wird in unserem Mund durch den Druck unserer Zunge gegen den Oberkiefer und das anschließende Wiederablösen von diesem gebildet. Das beweist, dass auch auf der sprachlichen Ebene die Abwehr ganz vorn beginnt.

Das zweite Grundprinzip der Effektiven Abwehr besteht darin, dass sich der Abwehrende konsequent auf das Wiederholen dieser kurzen Das-Sätze beschränkt. Das spart Kraft und Energie, da man Konflikte mit dominant-aggressiven Menschen auf die herkömmliche Art sowieso nicht gewinnen kann. Es ist ganz einfach zwecklos! Darüber hinaus verzichtet man so auch auf das ewige Hin und Her des Mitkämpfens.

Das dritte Grundprinzip besteht aus dem nicht ganz so einfachen, weil ungewohnten Verzicht auf die beiden persönlichen Fürwörter des

: Du
oder eines
: Ich

(das gilt aber nur für sich aggressiv entwickelnde Situationen).

Wing Tsun

Inzwischen gibt es in der Selbstverteidigungsszene sehr viele WT-Schulen, die jeweils verschiedene Schwerpunkte in der Ausübung dieser Kampfsporttechnik gelegt haben. Einige sind eher defensiver orientiert, andere mehr darauf aus, den Angriff rasch und konsequent, z. B. mit den sogenannten „Kettenfauststößen", einer Serie gezielter und schnell ausgeführter Faustschläge, zu beenden.

In der etwas defensiveren Form der WingTsun-Selbstverteidigung, so wie ich sie bevorzuge, besteht die für mich sicherste Haltung zur Abwehr eines möglichen Kampfes in einer abwartenden Haltung.

詠春

Der WTler ruht dabei mit seinem Körpergewicht etwas mehr auf dem hinteren Bein und steht nicht, wie z. B. im Boxsport üblich, nach vorne gebeugt. Beide Arme ruhen in der entspannten, nach vorne ausgestreckten Armhaltung und werden im Ellbogen locker angewinkelt.

Mein Ziel ist es dabei, den Gegner auf genügend Abstand zu halten oder ihn an mir vorbeigleiten zu lassen.

Das Das-System:

Bruce Lee, chinesischer Kampfsportler:

 Teil 3

: das Selbsttrainingsprogramm der Effektiven Abwehr

: Nimm an, was nützlich ist.
Lass weg, was unnütz ist.
Und füge das hinzu, was dein Eigenes ist.

Anleitung zum Selbsttraining

Die folgenden Kapitel stellen das Grundgerüst der Effektiven Abwehr dar. Sie sind ein Selbsttrainingsprogramm, mit dem Sie zu Hause und für sich selbst Ihre Fähigkeit, sich erfolgreich zu wehren und sich zu behaupten, deutlich verbessern können. Und da die Effektive Abwehr einfach und verständlich ist, habe ich auch versucht, die folgenden Kapitel so kurz wie möglich zu halten.

Wenn Sie die einzelnen Trainingskapitel einüben, werden Sie möglicherweise bemerken, dass Sie bereits persönliche Schwerpunkte zu einzelnen Kapiteln setzen und vielleicht sogar zusätzliche eigene, für Sie passende und geeignete Standardsätze in Gedanken entwickeln. Damit passen Sie Ihr persönliches Abwehrverhalten an sich selbst und an Ihre Umgebung an und gestalten es dadurch lebendiger.

Darüber hinaus ist es sinnvoll, die Übungen in diesem Buch wie eine einem noch etwas schwerfallende, da ungewohnte sportliche Trainingseinheit anzugehen. Jede Übung sollte deshalb nur jeweils fünf bis zehn Minuten dauern, nicht länger, aber dafür – wenn es Ihnen möglich ist – zu Beginn jeden Tag ein- bis zweimal.

Außerdem hat es sich bewährt, nach jedem gelesenen Trainingskapitel dieses Buch aufgeklappt zur Seite zu legen (aufgeklappt deshalb, damit Sie hinterher noch ein bisschen weiterlesen können), um noch einmal kurz die jeweils wichtigsten technischen Regeln oder Merksätze des gerade gelesenen oder geübten Kapitels zu wiederholen.

Danach nehmen Sie sich vielleicht einen Zettel und notieren sich aus dem Gedächtnis noch einmal die bereits gelernten Das-Sätze, die Sie sich schon gemerkt haben. Anschließend hängen Sie sich den soeben erstellten Zettel dorthin, wo Sie ihn vielleicht noch mehrmals täglich vor sich sehen, um ihn sich weiter einprägen zu können.

Dafür winken Ihnen am Ende der Erfolg und ein breites lachendes Strahlen (im Spiegel Ihrer Seele).

Für eine effektivere Abwehr braucht es nicht viel

Wenn wir damit beginnen, uns eine andere, eine wirkungsvollere Abwehr anzueignen als die, mit der wir bisher versucht haben, „über die Runden zu kommen", so brauchen wir dazu neben etwas theoretischem Wissen nur ein paar wenige, aber dafür sehr praktische Hilfsmittel.

Sie brauchen

1 : ca. fünf bis zehn kurze, sogenannte Das-Sätze, das sind Ihre „Abstandshalter",
2 : einige wenige Abwehrregeln und
3 : eine Art Verzichtserklärung,

und schon steht Ihre Effektive Abwehr fest auf beiden Beinen.

Außerdem gilt es noch etwas Motivationsarbeit zu leisten, also etwas Antrieb zum Üben zu entwickeln. Eine Motivation, die sich auch aus der zunehmenden Erfahrung heraus erneuert, dass Sie mit dieser neuen, erfolgreicheren Abwehr selbstbewusster und selbstsicherer im Umgang mit anderen, besonders mit dominant-aggressiven Menschen, sein werden.

Die Wahl der Waffen entscheidet über Siegen und Verlieren

Diese Kapitelüberschrift klingt etwas aggressiver und kriegerischer, als Sie es vielleicht an dieser Stelle erwartet hätten. Doch um sich gegen jemanden zu behaupten, der sich mit Druck und Aggressionen durchsetzt, ist es wichtig, dass Sie etwas mehr über die Abläufe aggressiver Konflikte wissen. Derjenige, der einen angreift oder unter Druck setzt, hat nämlich immer mindestens drei entscheidende Vorteile auf seiner Seite:

Der erste Vorteil besteht in der Wahl der Waffen!

Dabei ist es egal, ob der Angreifer seine Fäuste, ein Messer, eine andere Waffe oder aggressive, beleidigende, kränkende und verletzende Worte benutzt. Der Angreifer beherrscht seine Waffe fast immer besser als sein Gegenüber. In der Praxis bedeutet das, dass der, der Druck macht oder mit dem Streit beginnt, (meistens) auch lauter schreien und schneller oder ausdauernder reden kann als Sie. Und dass er auch geschickter ist, wenn es darum geht, sich eine Ausrede oder ein Gegenargument einfallen zu lassen. Gegen einen dominant-aggressiven Menschen kann man (fast) nicht gewinnen, vor allem dann nicht, wenn man sich darauf einlässt, mit dessen Waffen, also z. B. mit lauten Worten, zu kämpfen.

Das gilt umso mehr, je häufiger sich die Attacken Ihres dominant-aggressiven Gegenübers über einen längeren Zeitraum erstrecken oder sich dauernd wiederholen. Das macht einen müde und kraftlos und kostet einem auch noch die letzten Kraftreserven.

> Der zweite Vorteil besteht im Überraschungsmoment:
> Der, der zuerst zuschlägt, ist immer im Vorteil!

In meine psychotherapeutische Praxis kommen gelegentlich auch (ehemalige) Straßenschläger und Hooligans (meistens wegen Angstanfällen oder Depressionen). Diese waren in ihren Schlägereien immer deshalb erfolgreich, weil sie sich die „Faustregel" zu eigen gemacht hatten, als Erster zuzuschlagen, ganz unabhängig davon, ob sie groß oder klein, kräftig oder schlank waren. Typische Schläger halten sich nicht mit Drohungen auf wie „Ich hau dir eine rein". Als einzige Warnung kommt von Schlägern vielleicht ein „Halt die Fr…!". Dieses „Halt die Fr…" kündigt die unmittelbar drohende Überschreitung ihrer Reiz- und Aggressionsschwelle an.

„Schläger" besitzen eine sehr niedrig gesetzte Reizschwelle. Sobald diese überschritten wird, schlagen sie zu, mit aller Gewalt und ohne den Bruchteil einer Sekunde zu zögern.

> Der dritte Vorteil besteht für den Angreifer darin, dass er instinktiv Ihre schwache, etwas ungeschütztere Seite kennt.

> Das bedeutet z. B., dass sich aggressive Menschen, die andere angreifen oder mobben, genau diejenigen unter den Kollegen heraussuchen, die ihnen unterlegen sind und sich nicht wehren können. Und bezogen auf Partnerschaften heißt das, dass sich dominantere Menschen bevorzugt, und meistens sogar, ohne es bewusst zu steuern, einen unterlegenen Partner suchen.

Im Kampfsport bezeichnet man das auch als Kampfinstinkt.

> Die meisten Konflikte und Drucksituationen finden ja, wie wir festgestellt haben, im Privaten und am Arbeitsplatz statt, in einer Partnerschaft, in familiären Beziehungen sowie unter Kollegen oder mit dem Vorgesetzten. Also überall da, wo man sich schon lange genug kennt. Und damit kennt der andere eben auch die eine oder andere Ihrer kleinen Schwächen, mit denen man Sie in einer aggressiven Auseinandersetzung oder in einer Drucksituation vorzüglich unter Druck setzen und besonders gut „treffen" kann.

Von diesen drei Vorteilen, die ein Angreifer hat, ist die Wahl der Waffen der Vorteil, auf den Sie am besten reagieren können. Denn entweder setzt Ihr Angreifer aus seiner Erfahrung mit Ihnen darauf, dass Sie (wie immer erfolglos) versuchen, genauso lautstark und aggressiv zu reagieren wie er selbst (weil Ihr Fass schon übergelaufen ist). Oder er rechnet damit, dass Sie sich (auch wie immer erfolglos) bemühen, sich zu rechtfertigen und zu verteidigen. Bleibt das aber aus, weil Sie etwas Wirkungsvolleres zur Abwehr in Ihrer Hand halten, werden dominant-aggressive Menschen davon ziemlich überrascht sein.

Also wenn Sie z. B. mit einem Messer in der Hand angegriffen würden, so können Sie davon ausgehen, dass Ihr Angreifer – sofern er nicht völlig wirklichkeitsfremd oder betrunken ist – mit seiner Waffe ziemlich gut umgehen kann. Und dass er seine Fähigkeit, mit dem Messer zu kämpfen, als sehr viel höher einschätzt als die Ihrige. Lassen Sie sich trotzdem dazu hinreißen, ebenfalls ein Messer in die Hand zu nehmen, so ist der Kampf schon entschieden, bevor er begonnen hat.

Entscheiden Sie sich jedoch dazu – bald sogar ohne überlegen zu müssen! –, einen Stuhl oder einen Metallschild (wie ihn früher die alten Ritter hatten) in die Hände zu nehmen, so stehen Ihre Chancen, sich den Angreifer „vom Leib zu halten", sehr gut. Dann ist es meistens nur noch eine Frage der Zeit, bis Ihr hin und her fuchtelndes Gegenüber keine Lust oder keine Kraft mehr dazu hat.

Sie setzen damit eine andere als die Ihnen hingehaltene, eine viel effektivere Waffe zu Ihrem Schutz ein: einen Das-Satz. Das wird in Zukunft Ihr Schild oder Ihr Stuhl sein. Damit wehren Sie sich mit Ihrer eigenen, einer geübten Waffe.

Dadurch dass es Ihnen gelingt, damit Ihr aggressives Gegenüber auf Distanz zu halten, und Sie es daran hindern, Sie ernstlich zu treffen, zu kränken oder zu verletzen, lassen Sie es am „ausgestreckten Arm zappeln", anstatt dass Sie sich unter Druck auf sein Messergefecht einlassen.

Mit dieser Art der modernen Konfliktbewältigung können aggressive Menschen nicht viel anfangen. Damit haben diese keine Erfahrung, damit können diese nicht umgehen. Deshalb gelingt es Ihrem aggressiven Gegenüber ab jetzt auch nicht mehr (so leicht), Sie mit hineinzuziehen in die sich ständig wiederholenden Konfliktabläufe. Und Sie nicht mehr mit den immer wieder gleichen, sinnlosen und zermürbenden Auseinandersetzungen zu bedrängen und zu unterdrücken.

Natürlich bemerkt Ihr aggressives Gegenüber, Ihr dominanter Quälgeist ziemlich bald, dass Sie ihm eine neue, eine eigene Waffe entgegensetzen. Er wird dann entweder versuchen, Ihre neue Technik zu entwerten, in der Hoffnung, dass Sie etwas so „Lächerliches" dann nicht mehr benutzen. Oder er wird versuchen, Ihre Das-Sätze aus der Effektiven Abwehr zu kopieren, um Sie dann mit Ihren eigenen Waffen schlagen zu können.

Jemanden mit „den eigenen Waffen zu schlagen" bedarf allerdings genauso viel Übung, wie Sie selbst bis dahin investiert haben.

Außerdem richten zwei aufeinander einschlagende, zur Abwehr gedachte Schilde sowieso keinen größeren Schaden an, sie neutralisieren sich meistens.

Die Das-Sätze,
das Grundgerüst der erfolgreichen Abwehr

Das Grundgerüst der Effektiven Abwehr besteht nur aus einigen wenigen, kurzen Sätzen, den sogenannten „Standard-Das-Sätzen". Die folgenden fünf Standard-das-Sätze sind gleichzeitig auch so etwas wie Ihre Abstandshalter und sind jeder für sich sehr universell einsetzbar. Diese sind auf die unterschiedlichsten Druck-, Übergriffs- und Aggressionssituationen immer wieder gleich gut anwendbar. Rechtzeitig genug eingesetzt kann man mit der Verwendung dieser Standardsätze eine Streit- oder Drucksituation nicht nur beenden, sondern gelegentlich sogar wieder etwas versachlichen (was ja häufig viel schwerer ist als gedacht).

Die wichtigsten Standardabwehrsätze sind:
: Das passt jetzt nicht!
: Das geht jetzt (so) nicht!
: Das stimmt (so) nicht!
: Das bringt jetzt nichts (mehr)!
: Das reicht jetzt!

Diese fünf Das-Sätze können jeweils einer der folgenden Grundsituationen zugeordnet werden:
Der Satz
: Das passt jetzt nicht!

ist besonders für Druck- oder Übergriffssituationen geeignet, also wenn jemand etwas von Ihnen will, was Ihnen in dem Moment gar nicht gelegen kommt. Damit wehren Sie den anderen in der Situation zwar ab, können sich damit aber eine spätere, andere Entscheidungsmöglichkeit noch offenhalten. Als Beispiel für eine solche (öfters versteckt wirkende) Drucksituation ist z. B. ein Arbeitskollege vorstellbar, der verlangt, dass man eine bestimmte Tätigkeit für ihn übernehme.

Mach du mal weiter … :
(… das dauert mir zu lange)
oder
Bring du mal den Karton ins Lager! :
oder
Fahr du mal schnell … :
(… ich hab nämlich keine Lust dazu …)

Auf jede dieser Drucksituationen können Sie mit einem „Das passt jetzt (leider) nicht!" antworten.

Der Satz
: Das geht (so) nicht!

ist grundsätzlicher Natur. Dieser Satz ersetzt ein „Nein" und ist eine ganz klare, mit Nachdruck ausgesprochene Grenze, die jemand anders nicht (mehr) überschreiten darf. Ein Beispiel dafür ist z. B. jemand, der einen anschreit, der einem Vorwürfe macht, einen benachteiligt oder sonst wie rücksichtslos behandelt. Das sind alles Situationen, in denen ein dominant-aggressives Verhalten auf Dauer nicht hinnehmbar ist und unerträglich wird. Auch hier reagieren Sie auf jeden Vorwurf oder jedes Verhalten, mit dem Ihnen ein anderer „zu nahe kommt", mit einem „Das geht so nicht!". Mehr brauchen Sie nicht.

Ein
: Das stimmt (so) nicht!

ist für alle unwahren Vorwürfe und Behauptungen reserviert. Also z. B. für so einen typischen Generalvorwurf wie

Du beachtest mich nie! :
Du kümmerst dich nur um dein Hobby, :
deine Arbeit, :
deine Freundinnen, :
deine Eltern … :
Du bist ja nie da :
usw.

Der Satz
: Das bringt jetzt nichts (mehr)!

ist zum Unterbrechen und Beenden einer zunehmend gereizt-aggressiver werdenden Situation gedacht. Er verhindert so die weitere Zuspitzung von lauter werdenden Vorwürfen. Ab hier ist jede weitere Diskussion und jede Fortführung dieses Gesprächsthemas sowieso sinnlos.

Und der Satz
: Das reicht jetzt!

ist schließlich zum endgültigen Beenden einschließlich des Herausgehens aus einer aggressiven Situation gedacht. Mit diesem Satz leiten Sie also auch Ihr Hinausgehen aus dem Raum, in dem der Streit gerade stattfindet, ein. Nachdem Sie diesen Satz gesagt haben, können Sie sich deshalb umdrehen (Sie sollten es sogar!) und die Streitsituation verlassen, z. B. indem Sie entweder aus dem Raum gehen oder den Telefonhörer auflegen. Der Satz „Das reicht jetzt!" signalisiert damit dem anderen den Abbruch und das Ende der Auseinandersetzung aus einer Position von Unabhängigkeit und Selbstbehauptungsfähigkeit.

Mit etwas Übung entsteht daraus im Falle einer Druck- und Aggressionsabwehrsituation die nahezu reflexartige Anwendung der Das-Sätze, die Sie fast wie einen Schutzreflex automatisieren können.

Wenn ein Gegenstand, ein Ball oder etwas Ähnliches, plötzlich nach einem geworfen wird oder auf einen fällt, dann reagiert unser autonomes Abwehrzentrum mit einem typischen Schutzreflex: Es streckt automatisch unsere beiden Arme nach vorne-oben aus und stellt gleichzeitig unsere beiden Handinnenflächen nach vorne gewandt aufrecht auf. Das dient der Abwehr des Balls oder eines Stockes, also der Abstandswahrung zum uns bedrohlich näher kommenden Gegenstand. Das Gleiche passiert, wenn wir im Fallen reflexartig die Hände nach vorne-unten ausstrecken, um nicht ungeschützt hinzufallen.

Das Einüben der Das-Sätze wird im System der Effektiven Abwehr auch als „Automatisieren der Abwehr" bezeichnet und ähnelt der sogenannten „Klassischen Konditionierung", in der einem sich wiederholenden Reiz, hier einer aggressiven Situation, eine neue, bis dahin unbekannte Reaktion, ein sogenannter bedingter Reflex, antrainiert wird. Nur dass man dafür in einer aggressiven Situation dem anderen einen stabilen, abwehrfähigen Das-Satz entgegenstellt.

Das Team beginnt sich zu formieren

Zur sichtbaren Unterstützung der passenden Das-Sätze („dem anderen ein paar passende Worte sagen") können wir in der Effektiven Abwehr zusätzlich noch etwas gestikulieren und beide Arme und Hände mit einsetzen. Dazu halten wir, während wir uns mit einem Das-Satz behaupten, unsere beiden Arme und Hände locker vor uns.

Und – falls möglich – achten wir beim Üben noch auf einen angemessenen Ausdruck unserer Worte. Unsere Stimme sollte also nicht zu laut, aber auch nicht zu schwach sein.

Alles zusammen dient so der angemessenen, nicht aggressiven Distanzschaffung.

Die erste Übung :

Jetzt ist es vielleicht sinnvoll, eine kleinere Pause einzulegen. Diese könnten Sie nutzen, um diese fünf Standardsätze bereits einmal auf einen Zettel zu schreiben und sich dabei zu überlegen, welcher der fünf Das-Sätze Ihnen am meisten zusagt. Oder Ihnen fällt schon der eine oder andere zusätzliche kurze Das-Satz ein, der auch ganz gut zu Ihnen passen würde?

Zum Beispiel gibt es noch diese Sätze:

: Das hat doch (überhaupt) keinen Sinn!
: Das wird jetzt zu schwierig!
: Das geht doch schief!
: Das wird (jetzt) zu viel!
: Das geht (jetzt) zu weit!

Oder auch:

: Das macht man nicht!
: Das gehört sich nicht!

Die letzten beiden Sätze haben wir schon in unserer Kindheit beigebracht bekommen. Damit haben wir als Kinder gelernt, zwischen Richtig und Falsch sowie zwischen Gut und Böse zu unterscheiden. Diese Sätze stellen so etwas wie das moralische „Grundgerüst" der Kindheit dar.

: um Ihre erfolgreiche Abwehr zu automatisieren

Sollte Ihnen also unter diesen zusätzlichen Das-Sätzen der eine oder andere Satz auch zusagen, so schreiben Sie sich diesen doch ebenfalls auf! Damit haben Sie bereits die Vokabeln Ihrer neuen sprachlichen Abwehr vollständig!

Das aggressive : Du schreit nach einem : Das

Je aggressiv-vorwurfsvoller ein Angriff ausgeführt, also je aggressiver z. B. ein „Du" ausgesprochen wird, umso mehr „schreit" es nach dem „Das", verlangt es nach einer Grenze. Darüber hinaus symbolisiert das gesprochene „Das" auch für das eigene Wohlbefinden eine stabilere (sprachliche) Mauer. Das ist genau das, was Sie mit Ihrem zur Abwehr entgegengehaltene Das-Satz erreichen.

Selbstverständlich gibt es einige Menschen, die an dieser Stelle einwenden würden, dass diese wenigen Das-Sätze doch nicht neu sind und für eine kompliziertere Streitsituation zu einfach und zu unbedarft seien, um etwas bewirken zu können. Doch ab einer bei jedem individuell verschieden hohen (oder niedrigen!) Reizschwelle ist der Angreifer in einer angespannt-aufgeladenen, aggressiven Situation nicht mehr in der Lage, auf das einzugehen, was Sie vielleicht noch erklären könnten. Das ist eine Regel ohne Ausnahme!

Wenn die Lebensweisheiten des Volksmundes als Regeln verstanden werden können, die aus den Erfahrungen des sozialen Miteinanders gewachsen sind, so enthält der Satz „Keine Regel ohne Ausnahme" auch eine Ausnahme von dieser Regel, d. h., es muss mindestens eine Regel ohne Ausnahme geben und eine solche ausnahmslose Regel scheint hier vorzuliegen.

Also kann ab einem bestimmten Moment des aggressiven Geschehens auch kein anderer Satz, kein noch so vernünftiges und ausgeklügeltes Argument einen aggressiven, in irgendeiner Weise Druck oder psychische Gewalt ausübenden Menschen noch davon überzeugen, dass er sich gerade dominant-aggressiv, gemein oder rücksichtslos verhält. Dazu braucht es, wenn es überhaupt möglich sein sollte, erst wieder eine entspanntere Atmosphäre, damit der Verstand wieder die Herrschaft über die (aggressiven) Gefühle zurückerhält.

Andere könnten jetzt noch einwenden, dass mit diesen kurzen Das-Sätzen aggressive Menschen doch bestimmt nicht dazu gebracht werden könnten, mit ihren Gemeinheiten und ihren Angriffen aufzuhören.

Das stimmt! Aber das ist ja auch nicht der Sinn und Zweck der Effektiven Abwehr. Das Ziel ist es nicht, den anderen zu besiegen oder schlagfertiger und überzeugender zu sein. Das Ziel ist, dass man sich nicht mehr unter Druck setzen, sich keine unnötige Angst mehr „einjagen" und sich nicht mehr dazu hinreißen lässt, mitzukämpfen.

Das Risiko, so einen Kampf zu verlieren, ist (bis auf vielleicht sehr wenige Ausnahmen) eindeutig zu hoch.

Ihr „Gewinn" besteht darin, dass Ihnen nicht mehr jede Kränkung und jede Beleidigung „zu nahe kommt", dass man nicht mehr alles „herunterschlucken" muss! Dass Sie Ihre Kräfte, Ihre Ressourcen sparen und aus einem Streit oder einer Drucksituation wieder mit einem neutralen oder sogar einem gestärkten Gefühl herauskommen.

Und der Angreifer hört spätestens dann auf, wenn seine Energie verbraucht ist. Vorher dürfen Sie aber mit einem

: Das reicht jetzt!

ruhig schon den Ring verlassen, allerdings nicht als Vertriebener, sondern als ein sich angemessen Wehrender.

Das System der Effektiven Abwehr stellt damit im Umgang mit (dominant-)aggressiven Menschen nicht mehr den Inhalt eines Konfliktes, nicht mehr das Mitkämpfen und auch nicht die Person, die einen angreift oder den Druck entstehen lässt, in den Mittelpunkt. Sondern nur noch die standardisierte, nahezu automatisch angewendete Abwehr durch das Das-Sätze-System!

Jetzt könnte mancher noch sagen, dass er mit einem kurzen, knappen „Nein" vielleicht das Gleiche erreichen könnte und das sogar noch energie- und ressourcenschonender. Auch das stimmt, aber es gibt eben viele Menschen, die nicht immer und in jeder Lage über die Fähigkeit verfügen, kurz und knapp „Nein" zu sagen. Und viele Menschen, die sich in einer Aggressionsabwehrsituation befinden, neigen eher dazu, zu harmonisieren, da sie, wie im zweiten Teil dieser kleinen Anleitung beschrieben, vor den befürchteten Folgen eines knappen „Neins" zurückschrecken.

Den nicht oder weniger dominanten Menschen fehlt dieses höhere Maß an Aggressivität, das ein Angreifer meistens besitzt. Das Fehlen dieser aggressiven Dominanz macht allerdings den Umgang mit den etwas harmonischeren Menschen auf längere Sicht sehr viel angenehmer und stressfreier.

Außerdem gibt es manchmal Situationen, in denen klingt ein knappes „Nein" wirklich zu krass, zu abrupt, zu unhöflich. Oder man will in einer bestimmten Situation den anderen mit einem (zu) knappen „Nein" nicht „vor den Kopf stoßen". Gelegentlich wird ein einfaches „Nein" von einem empfindsamen Menschen auch als persönliche Ablehnung, als Kränkung und als Aggression verstanden.

Wing Tsun

Im Wing Tsun wird es allgemein akzeptiert, dass es notwendig sein kann, sich mittels Selbstverteidigungstechniken zu wehren. Niemand fragt zuerst nach den Gründen für eine körperliche Auseinandersetzung, sondern in einer aggressiven Situation, die körperlich eskaliert, geht es nur um eine möglichste schnelle und situationsgerechte, wenn möglich um eine angemessene, d. h. nicht zu heftige Abwehr des körperlichen Angriffs.

Deshalb sollte man sich auch „ruhig" darum bemühen, in einer noch unklaren oder noch nicht zu aggressiven Situation, und solange es noch geht, freundlich zu bleiben.

Diese fünf grundlegenden (oder wenn Sie wollen auch mehr) Das-Sätze müssen zwar geübt werden, um reflexartig eingesetzt werden zu können, aber gerade wegen ihrer Einfachheit erfüllen diese kurzen Das-Sätze ihre Abwehrfunktion gegen so viele verschiedene aggressive Situationen.

Durch das Training werden die geübten Abwehrtechniken zu sogenannten Kontaktreflexen, d. h., schon beim ersten Körperkontakt und allen nachfolgenden reagiert der Abwehrende im WT-Kung-Fu reflexhaft. Dabei bleiben die Bewegungsabläufe während der ganzen Zeit der Auseinandersetzung fließend und gehen immer wieder in die Ausgangsposition zurück.

So stellen die reflexhaften Reaktionen der Arme oder Beine also lediglich das Ergebnis der Angriffshandlungen des Gegners dar und ermöglichen es unserem Gehirn, so weit wie möglich die Übersicht und einen klaren Kopf über die Situation zu bewahren.

Die zweite Übung:

Nehmen Sie sich doch jetzt ein weiteres Blatt Papier und schreiben Sie noch einmal den Satz auf, der Ihnen aus den fünf oder mehr Standardsätzen spontan am meisten zugesagt hat:

-
-

Jetzt sprechen Sie diesen Satz einige Male deutlich und mit kräftiger Stimme aus („der Ton macht die Musik") und schreiben ihn danach noch zwei weitere Male in gut lesbarer Schrift auf Ihr Papier:

-
-

-

: um Ihre erfolgreiche Abwehr zu automatisieren

Das wiederholen Sie noch ein paar Male, bis Sie diesen Satz insgesamt ca. zehnmal mit etwas „Nachdruck" ausgesprochen und aufgeschrieben haben.

Auf die gleiche Weise gehen Sie mit den anderen Standardsätzen um. Nehmen Sie sich dabei für jeden einzelnen der fünf oder mehr Standardsätze jeweils ein neues Blatt Papier. Und wenn Sie keine Lust mehr haben, machen Sie lieber eine kleine Pause und setzen Ihre Übung erst dann fort, wenn Sie wieder etwas munterer sind.

Dazu planen Sie schon im Voraus, wann Sie weiterüben wollen. Überlegen Sie sich sicherheitshalber auch noch eine Ausweichzeit, falls Sie zur geplanten Zeit doch zum Üben verhindert oder zu abgelenkt sein sollten und Ihre Übungen sonst nicht fortsetzen können.

Und wenn Sie Ihrem Lerngedächtnis einen zusätzlichen Gefallen tun wollen, dann schauen Sie am Abend des jeweiligen Übungstages Ihre Übungsmaterialien noch einmal durch und sprechen Sie Ihre Standardsätze ein letztes Mal klar und deutlich aus. Das weiß Ihr Lerngedächtnis sehr zu schätzen, es hilft ihm nämlich bei der nächtlichen Automatisierung, der Speicherung Ihrer Standardsätze.

Die ersten vier Grundregeln der Effektiven Abwehr

Für eine erfolgreiche Abwehr braucht es auch einige wenige (Abwehr-)Regeln.

Die erste und wichtigste Grundregel der Effektiven Abwehr lautet deshalb : Beschränke dich auf Wiederholungen!

Konzentrieren Sie sich auf Ihre Das-Sätze und verschwenden Sie nicht Ihre Kräfte in erfolglosen Verteidigungsschlachten oder Gegenangriffen. Die Chance zu gewinnen ist viel zu gering und Ihr Kraftverlust viel zu groß. Und jeder verlorene Kampf füllt das seelische Fass noch mehr auf.

Die zweite Grundregel lautet : Mache dich unangreifbar!

Wenn Sie versuchen, sich in einer aggressiven Situation mit vielen Worten zu wehren, selbst mit den vernünftigsten Argumenten, die es für Sie in der speziellen Konfliktsituation geben könnte, geraten Sie damit doch (wieder) nur in die typische Entschuldigungs-, Rechtfertigungs- oder Verteidigungshaltung, die Ihnen so gar nicht weiterhilft. Denn damit bieten Sie dem Angreifer nur noch mehr „Angriffsfläche". Aus jedem Satz, den Sie zu Ihrer Rechtfertigung einwenden, macht Ihr aggressives Gegenüber einen neuen, weiteren Angriff, verstärkt den Druck oder wird noch übergriffiger.

Wenn Sie also antworten würden:
: … ich hab doch nur versucht …

dann bekämen Sie als nächste Attacke sofort den Satz zu hören
Du hast doch keine Ahnung davon, dann lass es doch gefälligst! :

oder so ähnlich, fast immer verbunden mit einem Du-Angriffssatz Ihres dominant-aggressiven Gegenübers.

Diskutieren Sie also nicht unter Druck und reden Sie im Streit nicht weiter! Sie erreichen damit nichts. Absolut gar nichts. Ganz im Gegenteil. So gerne Sie es auch möchten. So sehr Sie auch (vielleicht) im Recht sind! Es bringt Ihnen nichts. Außerdem wird der andere versuchen, Sie genau dazu zu bringen. Also dazu, dass Sie sich rechtfertigen. Ein aggressiver Mensch wird auf alles, was Sie zu Ihrer Verteidigung aufbringen könnten, mit einem weiteren Vorwurf oder mit noch mehr Druck kontern. Je weniger Sie also Ihrem dominant-aggressiven Gegenüber entgegnen, umso weniger angreifbar werden Sie sein!

Das führt uns geradewegs zur dritten Grundregel, sie lautet
: Du kannst einen Angreifer nicht überzeugen!

Einen aggressiven Menschen in einer aggressiv-angespannten Situation, in einem Streit oder einer Druck- und Übergriffssituation von etwas zu überzeugen, das geht nicht. So jemandem zu erklären, dass sein Streiten ungerecht ist und dass die Vorwürfe unsachlich sind, dass der andere sich gemein verhält oder gerade dabei ist, einem wieder etwas mehr die Freiheit zu nehmen, in einem solchen Augenblick einen aggressiven Menschen vom Gegenteil zu überzeugen, das ist schlichtweg unmöglich. Der Aggressor kann Ihre (Gegen-)Argumente nicht in sich abwägen, nichts damit anfangen! Nicht im Beruf und nicht zu Hause! Nicht wenn er beginnt, sich rivalisierend oder massiv besitzergreifend zu verhalten und sich rücksichtslos, druckausübend oder übergriffig zu benehmen!

In so einer aggressiven Situation läuft in uns Menschen nur noch das sehr eingeschränkte „Steinzeitprogramm" aus unserer tierischen, evolutionären Vorzeit ab. Dann kann auch ein Aggressor nicht mehr „klar denken"! Und diese „Gedankenlosigkeit" nimmt noch zu, je wütender und aggressiver jemand wird.

Und steht ein dominant-aggressiver Mensch selbst unter Druck, kann er ebenfalls an nichts anderes mehr denken, als daran, wie er sich die Ansprüche des anderen „vom Leib halten kann". Ansprüche, die vielleicht in den Augen eines dominanten Menschen zu Macht- oder Autoritätsverlust führen könnten, zu einer befürchteten Enttäuschung, einer schmerzhaften Trennung, einer Niederlage, Kränkung oder, oder, oder …

Auch die zur Rechtfertigung oder zur Entschuldigung „vorgebrachten" Worte können einen aggressiv-angespannten Menschen, dessen Reizschwelle bereits überschritten wurde, nicht mehr „zur Besinnung bringen". Sie werden diesen nicht mehr überzeugen können.

In den südlichen Ländern werden zur Unterstützung des Gesagten häufig noch die Arme und Hände gestikulierend vorangestellt. Mit nach oben ausgestreckten Handflächen, so als wolle man sagen: „Schau her, ich meine es wirklich ehrlich!"

Das bedeutet also, dass Sie zwar von Ihrem jeweiligen aggressiven Gegenüber noch gehört werden, aber dass alles, was Sie jetzt noch sagen könnten, von diesem nur noch dazu benutzt würde, um Sie zu besiegen und um Sie vielleicht noch wirkungsvoller niedermachen zu können, z. B. so:

Sie:
: Das wollte ich doch nicht!
Antwort
Doch, das wolltest du! :
Das machst du immer so, mit Absicht! :

Im Volksmund: „Die Waffen des Gegners umkehren und gegen diesen selbst richten."

Wenn also ein dominant-aggressiver Mensch, der mit uns streitet, sowieso das, was wir zu unserer „Verteidigung" sagen könnten, umdreht und das Gesagte gegen uns richtet, dann ist es doch klüger, „auf viele Worte zu verzichten", wie es der Volksmund auch empfiehlt! Dadurch „sparen wir unsere Energie" – wir werden diese noch für unsere Abwehr brauchen.

Sie können es trotzdem mit einem Argument versuchen. Aber nur mit einem einzigen Argument, mehr nicht! Das hilft Ihnen zwar nicht gegenüber dem anderen, denn dieser kann es ja weder verstehen noch es als etwas Vernünftiges in sich abwägen. Aber dieses eine Argument hat eine andere Funktion: Es dient dazu, das eigene „Ich", also Ihr vernunftgesteuertes Zentrum im „ausführenden" Netzwerk Ihres Gehirns davon zu überzeugen, dass Sie auf der richtigen Seite stehen. Dass es sich für Sie lohnt, sich angemessen zu wehren.

Die vierte Grundregel ist ebenfalls von sehr zentraler Wichtigkeit im Konzept der Effektiven Abwehr : Verzichte auf das Mitkämpfen! Der, der den Streit beginnt, ist sowieso der im Streit Erfolgreichere.

Das bedeutet, dass Sie sich den Streit nicht mehr aufzwingen lassen!

Es gibt tausend verschiedene Gründe, weshalb dominant-aggressive Menschen einen Streit beginnen oder Druck machen. Gründe, für die Sie nichts können und die Sie häufig nicht mal kennen oder in dem Moment verstehen könnten. Gründe, die meistens mit persönlicher Unsicherheit, mit Neid, Eifersucht, Rivalität und Ähnlichem zu tun haben, welche ausschließlich in der Person des Angreifers liegen. Derjenige, der anfängt, wählt sich den Anlass alleine aus.

Zwar sagt der Volksmund: „Zum Streiten gehören immer zwei", das gilt jedoch nicht für das Anfangen eines Streits.

Darüber hinaus wird dieser Spruch von dominant-aggressiven Menschen liebend gerne als Ausrede und zur Rechtfertigung verwendet. Die – häufig unverständlichen – Anlässe bzw. Begründungen für Aggressionen und psychische Gewalt haben oft etwas sehr Willkürliches, fast Chaotisches an sich und entsprechen dann dem impulshaften, zerstörerischen Charakter solcher Menschen.

> In meine Praxis kommen deshalb häufig Patienten, die erzählen, dass der Streit immer wieder ganz unerwartet und wegen Nichtigkeiten entsteht. Dass sie gar nicht damit gerechnet hätten, dass an diesem Tag oder in der Situation ein Streit oder eine Drucksituation entstehen würde.

Zur vierten Grundregel des Verzichts auf das Mitkämpfen gehört darüber hinaus auch das im Kapitel über die Wahl der Waffen beschriebene Wissen, dass jemand, der einen Streit beginnt, sich meistens instinktiv sicher fühlt, diesen auch zu gewinnen. Sonst würde er erst gar nicht mit dem Druck, mit der Aggression beginnen!

Wenn Sie angegriffen und in einen Streit hineingezogen werden oder unter Druck geraten, sollten Sie sich also darüber im Klaren sein, dass diejenigen, die einen Streit beginnen oder Druck machen, tatsächlich lauter schreien und ausdauernder reden können und schlagfertiger sind als Sie. Aber dass Sie etwas viel Besseres besitzen und anwenden können, als sich die Waffen Ihres aggressiven Gegenübers aufzwingen zu lassen.

Deshalb kommt es bei der Effektiven Abwehr auch nicht auf „Schlagfertigkeit" und „Wortgefechte" an. Sie gewinnen keinen Preis für die schlagfertigere Antwort. Denn niemand ist in der Lage, schlagfertig zu reagieren, wenn er unter Druck gerät! Das ist nur etwas für den „klaren" Verstand, da – wie wir ja schon festgestellt haben – man unter Druck nicht mehr (richtig) denken kann. Lassen Sie sich also im Streit oder unter Druck auf kein Wortgefecht ein.

„Schlagfertigkeit" ist eher etwas für eine aufgelockerte Gesellschaft und für den Bekanntenkreis. Wenn man mit anderen vielleicht etwas (mehr) konkurrieren möchte.

Die dritte Übung:

Damit haben Sie schon fast das vollständige Grundgerüst der Effektiven Abwehr kennengelernt. Um mit diesen Grundregeln der Effektiven Abwehr schon etwas vertrauter zu werden, wäre es sinnvoll, diese fünf „Eckpfeiler" hier noch einmal zur Übung im „Schnelldurchlauf" durchzugehen:

Wing Tsun

Die WT-Schüler lernen bereits zu Beginn ihres Trainings zwei sogenannte Kraftsätze, die zu den Grundregeln im WT gehören.

Der erste Kraftsatz lautet : Mach dich frei von deiner eigenen Kraft!

: der erste „Schnelldurchlauf"

1 : Sie brauchen einige wenige Standardsätze, die auswendig gelernt werden müssen, um diese zu automatisieren.

2 : Fassen Sie sich (mit diesen Standardsätzen) kurz!

3 : Beschränken Sie sich unter Druck und im Streit auf Wiederholungen (der Standardsätze)!

4 : Verzichten Sie darauf, mit Worten zurückzuschlagen, versuchen Sie aber auch nicht, sich (im Streit!) zu entschuldigen oder zu rechtfertigen!

5 : Verzichten Sie bewusst darauf, sich auf einen Kampf einzulassen, den Sie auf die Art und Weise, die Ihnen Ihr Gegner aufzwingen möchte, sowieso nicht gewinnen können!

Diese Regeln spiegeln für den Abwehrenden die Einsicht wider, sich nicht auf ein Kräftemessen einzulassen, da der Angreifer im Zweifel als stärker eingeschätzt wird.

Und der zweite Kraftsatz lautet : Mach dich frei von der Kraft deines Gegners!

Weg mit dem : Ich
und weg mit dem : Du!

Zwei wichtige Grundregeln im Umgang mit Streit, Druck und sonstigen Aggressionen fehlen jetzt noch im Grundgerüst Ihrer neuen, effektiveren Abwehr. Die erste von beiden lautet:

Weg mit dem
: Ich
und weg mit dem
: Du

Und auch keine weiteren „persönlichen Fürwörter" wie „mir", „mich", „dir" und „dein" usw. …

Das gesprochene „Du" signalisiert in einer aggressiven Situation dem anderen so etwas wie das Näherherangehen oder die Drohung des Auf-den-anderen-Zukommens. Dass Sie bereit sind, mitzukämpfen! Jeder nachfolgende Du-Satz ist so etwas wie „Öl ins Feuer schütten"! Das Feuer brennt noch höher und wird Ihr Gegenüber dazu „anstacheln", ebenfalls noch mehr Öl ins Feuer zu schütten, d. h. noch lauter

> zu schreien, noch ausdauernder zu reden und noch stärker zu übertreiben oder, oder, oder. Und käme das „Du" nur als mehr oder weniger zaghaft angedeutete Gegenaggression, dann wäre das unter Umständen mehr so etwas wie eine Art angekündigter Rückzug. Das würde den anderen vermutlich zu weiteren Aggressionen und Provokationen verführen, zu Demonstrationen seiner Macht. Deshalb verzichtet die Effektive Abwehr auf das „Du".
>
> Sie verzichten damit ebenfalls darauf, Ihr Gegenüber zu kränken, wütend(er) zu machen oder zu verletzen.

Das wäre nach so mancher Schlacht zwar verständlich, doch helfen würde es nicht. Die Antwort käme wie beim „Pingpongspielen" zurück! Das Mitkämpfen verbessert ja die eigenen Erfolgsaussichten auch nicht, sondern verlängert nur den Streit.

> Außerdem würde jede Schuld- und Verantwortungszuweisung erfolglos bleiben, so berechtigt sie auch wäre. Weil sich dominant-aggressive Menschen „den Schuh sowieso nicht anziehen".
>
> Der zweite Teil der „Weg mit dem Ich und weg mit dem Du"-Regel besagt, dass in einer negativ besetzten, einer Druck- oder Aggressionssituation auf jedes „Ich", das ausgesprochen wird, (fast) automatisch ein Angriffs-„Du" folgt. Das gesprochene „Ich" symbolisiert in einer Angriffs-, Druck- oder Übergriffssituation so etwas wie das unbeabsichtigte Öffnen der eigenen Haustür, das Herstellen einer Verbindung oder das Bauen einer Brücke.

Stellen Sie sich doch mal vor, jemand würde Ihre Burg angreifen! Dann würden Sie vermutlich als Erstes die Zugbrücke hochziehen! Oder wenn dieser Jemand auf dem Weg zu Ihnen noch eine Brücke zu überqueren hätte, Sie würden diese sprengen oder sonst wie unterbrechen! Sie würden alles versuchen, nur nicht eine Brücke zu bauen oder Ihre Haustüre zu öffnen!

> Besonders die für unser Selbstbewusstsein so schädlichen, weil unter Druck erzwungenen, ungerechtfertigten Entschuldigungen und Rechtfertigungen werden von einem solchen selbstschädigenden „Ich" angeführt. Mit dem zur Verteidigung ausgesprochenen „Ich" befinden Sie sich in einer Druck- oder Aggressionssituation auf dem Rückzug, und Ihr Gegenüber wird den Druck weiter aufrechterhalten.

Das folgende Verteidigungsmuster ist recht typisch für verlorene Auseinandersetzungen, in denen der Unterlegene „an die Wand gedrückt" würde.

: Ich hab das nicht gesagt!
Und ob du das gesagt hast,
du bist doch immer so egoistisch! :
: Warum sagst du das, du bist richtig gemein!
Oder
: Du bist doch viel egoistischer als ich!
Oder
: Bist du gemein, mich so anzugreifen.
: … mir das zu sagen.
: … mich so niederzumachen …

Oder man würde versuchen, sich so zu rechtfertigen:
: Ich war das nicht
: Ich hab das so nicht gemeint
: Ich bin überhaupt nicht egoistisch …
oder, oder, oder …

Für ein streitendes, druckmachendes Gegenüber sind das alles Einladungen zum Weitermachen, um bildlich gesprochen „in Ihr Haus einzudringen" und Sie noch mehr „zurückzudrängen". Ihr aggressiver Quälgeist würde den Streit dann vielleicht so fortführen:

Du Idiot, du bist doch immer an allem schuld! :
Oder
Du bist ja sowieso der Letzte! :
Du blickst ja überhaupt nichts! :
Du bist wie dein Vater/deine Mutter! :

Und Sie Ihrerseits verteidigten sich wieder:
: Das stimmt nicht! Ich bin so nicht!
: Alle anderen sehen mich anders …
(Eventuell schon schwächer werdend …)

Und der Angreifer wieder:
Dich sehen alle so, alle wissen über dich Bescheid,
alle sagen dasselbe über dich … :

Das könnte jetzt endlos so weitergehen, bis Sie kraftlos aufgeben und resignieren würden.

Oder Sie würden mit den Worten angegriffen:
Was machst du denn da schon wieder? :
: Ich hab doch gar nichts gemacht!
Doch, hast du! Du hast … :

Oder:
: Ich geh nachher mit meiner Freundin weg.
Das musst du doch nicht heute machen. :
: Ich muss doch auch mal weggehen können!
Du denkst auch nur an dich,
was bist du nur für ein Egoist! :

Dominant-aggressive Menschen setzen als „Waffe" oft das Mittel der Schuldumkehrung ein – nicht sie selbst sind dann der Aggressive (der Egoist), sondern der Angegriffene.

Oder:
Du hast gelogen! :
: Das hab ich nicht!
Du lügst doch immer! :
Du lügst doch wie gedruckt! :

Auch das könnte jetzt noch länger weitergehen, ohne dass Sie sich hinterher besser fühlen würden. Ganz im Gegenteil, danach wären Sie erschöpft, ausgelaugt oder Sie könnten „platzen vor Wut". Alles, ohne irgendetwas erreicht zu haben!

Auch wenn Sie Ihrem Ich-Satz ein „Das" voranstellen, ändert das Ihre ungünstigere Abwehrlage nicht. Denn mit jedem Das-Satz, der zusätzlich ein „Ich" enthält, senken Sie wieder Ihre zur Abwehr bereiten, nach vorne ausgestreckten, Distanz schaffenden Arme. Das wäre so, als würde man bei einem aggressiv auf einen zukommenden Menschen die anfangs noch ausgestreckten Arme und Hände wieder zurückziehen und stattdessen diese nur noch passiv runterhängen lassen. Damit kann man einen gewaltbereiten Menschen nicht auf Abstand halten.

Was ist also falsch gelaufen? Sie hätten sich durch die Verwendung des „Ich/Mir/Mich" angreifbar gemacht, die Tür zu Ihrem Haus geöffnet. Auch diese Regel ist für eine wirksame Abwehr, für eine Abwehr, nach der Sie selbst sich hinterher wohlfühlen sollen, sehr zentral! Ihr Gegenüber bekommt das häufig gar nicht mit. Es interessiert dieses auch nicht!

Generell gilt für einen mit aggressiven Worten geführten Angriff: In einer Drucksituation braucht man sprachliche Distanz zum aggressiven Gegenüber, um sich ausreichend zu schützen. Je besser Ihnen das gelingt, umso mehr sind Sie in der Lage, Ihre symbolische Mitte, Ihr seelisches Gleichgewicht zu schützen.

Deshalb lässt man bei der Effektiven Abwehr von Druck und psychischer Gewalt die persönlichen Fürwörter wie das „Du" und das „Ich" weg. Denn sonst ist der Weg offen und frei für den Angreifer. Das bedeutet, dass dann jeder „erzielte" Treffer, der mit Schwung, mit Druck und mit genügend Aggressivität ausgeführt wird, eindringt und eine Wirkung hinterlässt. Dass Sie ab da ungeschützt sind gegen böse und gemeine Vorwürfe. Gegen jede Unterstellung, jede Kränkung, jede Beleidigung und gegen jede Niederlage.

Wing Tsun

Im WingTsun sind es die ausgestreckten Arme und Hände, die keilförmig nach vorne postiert werden, sich reflexartig – je nachdem ob der Angriff mehr von oben oder von unten erfolgt – der Richtung, aus der der Schlag kommt, durch Hochziehen oder Absenken anpassen.

Darüber hinaus bleiben Sie bei einem Verzicht auf das „Du" und dem Ersetzen mit einem „Das" selbst immer neutral. Ein neutrales „Das" richtet sich nur gegen ein bestimmtes Verhalten. Und das Kritisieren eines bestimmten Verhaltens ist auch für einen (dominant-aggressiven) Menschen eher zu ertragen als ein persönlicher Vorwurf.

Diese Regel gilt nicht in neutral oder positiv verlaufenen Situationen und Begegnungen. Dort bauen Sie mit einem „Ich" eine neutrale oder positiv besetzte Brücke zum anderen. Aber wenn Sie sich im Streit befinden, wenn jemand auf Sie zugeht und aggressiv mit Ihnen umgeht, Ihnen Druck macht, dann muss es unbedingt Ihr Interesse sein, die Zugbrücke hochzuziehen und den Zugang zu Ihrer Burg zu unterbrechen.

詠春

Damit steigt die Wahrscheinlichkeit, einen gewalttätig geführten Angriff auf die Mitte des Körpers oder gegen den Kopf an sich vorbei ins Leere abgleiten lassen zu können.

Die besonderen Regeln
für den Umgang mit Ihrem Chef
oder mit Lehrern oder sonstigen autoritären Menschen

Die letzte wichtige Regel der Effektiven Abwehr ist eine Ausnahmeregel. Sie lautet
: Wir beachten die besonderen Ausdrucksformen, die für den Umgang mit Vorgesetzten und ähnlichen Personen gelten.

Häufig nehmen sich Vorgesetzte aufgrund der Macht, die mit ihrer Position verbunden ist, das Recht, das letzte Wort zu haben.

Daran kann man übrigens generell recht einfach die Neigung eines Menschen zu einem dominanteren Verhalten erkennen.

Widersprechen Sie in einer solchen angespannten oder aggressiven Situation einem dominant-autoritären Chef oder z. B. einem autoritären Lehrer, so wird dieser – je nach dem Grad seiner Dominanz – mit aller Macht versuchen, „das letzte Wort" zu behalten. Dann schwingt schnell die Drohung mit, man könne ja nach Hause gehen, es gebe genug Arbeitslose, die machen würden, was man wolle, oder man bekommt einen Eintrag ins Klassenbuch (angedroht), einen Verweis, eine Abmahnung oder in der mündlichen Prüfung eine schlechtere Note.

Mir erzählte einmal eine Patientin, dass ihr Bruder, der Physiklehrer sei, ihr erzählt habe, dass einer seiner Schüler, den der Bruder überhaupt nicht leiden könne, da dieser immer widersprechen würde, in einer schriftlichen Prüfung eine Drei geschrieben habe. Daraufhin hätte er überlegt, auf welchem Gebiet dieser Schüler besonders schlecht gewesen sei, damit er ihn doch noch hätte durchfallen lassen können. Und tatsächlich habe der Bruder ihr beim nächsten Mal triumphierend erzählt, dass dieser Schüler in der mündlichen Prüfung eine Fünf bekommen habe und damit durchgefallen sei.

Im Wissen um die Realität solcher Machtgefälle nimmt sich die Effektive Abwehr in solchen Beziehungen etwas zurück. Trotzdem brauchen Sie den Druck Ihres Chefs nicht herunterzuschlucken, um dann daran stunden- oder tagelang würgen zu müssen. Um sich hinterher schlecht zu fühlen und zu spüren, wie Ihr seelisches Fass (wieder einmal!) überläuft.

Für den Umgang mit (absolutistischen) Vorgesetzten, aber auch mit autoritären Lehrern oder ähnlich strukturierten Menschen, gelten deshalb einige besondere Ausdrucksformen in der Effektiven Abwehr. Diese werden Ihnen dabei helfen, sich effektiver und erfolgreicher gegen Druck „von oben" zu wehren und sich auch gegen solche Menschen (innerlich) zu behaupten. Denn, und das ist die Ausnahme von der Standardabwehrregel, einem Vorgesetzten können Sie nicht so einfach einen automatisierten Abwehrsatz wie

: Das geht so nicht, Herr Meier

oder einen der anderen Sätze entgegenhalten. Das wird ein Chef nicht akzeptieren! Vorgesetzte sind es meistens nicht gewohnt oder ertragen es nicht, Widerworte zu hören, und sei es auch nur ein „Das geht so nicht, Herr Meier". Denn dann würde er Ihnen vermutlich ein

Dann sehen Sie gefälligst zu, dass Sie es hinkriegen! :
oder
Wozu werden Sie eigentlich bezahlt? :

oder etwas Ähnliches entgegenhalten und der Druck am Arbeitsplatz oder in der Schule würde vermutlich noch weiter ansteigen.

Die Effektive Abwehr ersetzt hier deshalb die Das-Standardsätze durch ein noch kürzeres

: Aha
oder durch ein
: Ah, ja
oder ein einfaches
: Okay

Diese kurzen Wörter halten Ihren Chef etwas weniger auffällig auf Distanz.

Erst wenn Sie Ihrem Chef mit einem „Jawohl, Herr Meier" oder einem „Ja gut, Herr Meier" oder mit einer Gegenfrage antworten wie z. B. „Wie soll ich das denn alles schaffen?", geben Sie Ihre eigene, Ihre innere Distanz zu diesem auf.

Mit einem kurzen „Okay" halten Sie einem Vorgesetzten immerhin noch irgendetwas entgegen, auch wenn es nicht so sichtbar und ausdrucksvoll sein kann, wie Sie es sonst könnten. Gleichzeitig reduzieren Sie jedoch auch Ihre eigene Angreifbarkeit und das ist gewiss nicht das Geringste in so einer ungleichen Situation.

Eine typische Szene könnte also vielleicht so aussehen:

Ihr Chef würde Ihnen z. B. in einem Anfall von Schlechtlaunigkeit etwas als Fehler vorwerfen, was er selbst zu verantworten hätte
Was haben Sie denn da wieder gemacht, : das ist doch völlig falsch!

Daraufhin würden Sie versuchen, sich so zu verteidigen
: Das haben Sie doch gestern so angeordnet, Herr Meier.

Die Effektive Abwehr versucht es am Anfang mit einem Argument.

Als Antwort bekämen Sie dann z. B. erwidert : Blödsinn, Sie haben mal wieder nicht zugehört!

: Daraufhin würden Sie jetzt nur noch mit einem
Aha
reagieren.

Woraufhin Ihr Chef wieder mit einem
Dann gehen Sie jetzt gefälligst und sehen zu,
dass Sie das in Ordnung bringen! :
antworten würde.

Hier wäre dann der Punkt für Sie erreicht,
um mit einem
: Okay
aufzuhören und zu gehen.

Im Volksmund: „Der Klügere gibt nach."

Vermutlich würde Ihr Chef Ihnen wegen
seines „Chefprivilegs des letzten Wortes" noch beim
Weggehen ein
Verschwinden Sie jetzt :
hinterhergeben.

Es ist eben leider so, dass dominant-aggressive Vorgesetzte eigene Fehler nicht einsehen können, und/oder auch nicht kritikfähig sind. Aber auch da lohnen sich längere Diskussionen nicht. Darüber hinaus lassen aggressiv-dominante Menschen ihre Schlechtlaunigkeit gerne an anderen Menschen aus, von denen sie annehmen, diese würden sich das besonders „zu Herzen nehmen", das ist deren Ventil, um ihr eigenes seelisches Fass wieder zu leeren. Doch mit einem kurzen „Okay" oder einem knappen „Aha" kann man sich angemessen und soweit es möglich ist gegenüber dem Chef behaupten. Vermutlich wird es nicht viele Vorgesetzte geben, die in der Lage sind, Ihnen diese Art der Aufrechterhaltung Ihrer Selbstachtung und der Selbstbehauptung vorzuhalten.

Wing Tsun

Im WT-Kampfsport ist es die ausgestreckte, flexibel aufgestellte flache Hand, die die schlagende Faust des Angreifers, von vorn auf die Seite, an sich fließend vorbeigleiten lässt.

Die effektivere Abwehr von Kränkungen und Beleidigungen

Um Ihre „Waffenkammer" vollständig zu bekommen und um sich gegen Druck und Aggressionen komplett auszurüsten, brauchen Sie jetzt nur noch einen (Standard-)Satz gegen kleinere, scherzhaft gemeinte „Ärgereien" sowie gegen Kränkungen und Beleidigungen. Das System der Effektiven Abwehr greift dafür auf einen bekannten Abwehrmechanismus unserer Kinder- und Jugendzeit zurück.

Vermutlich erinnern sich die meisten von Ihnen noch an den guten alten Kinderreim

: Wer es sagt, der ist es auch,

詠春

Macht der Gegner noch einen Schritt auf den WT-Kämpfer zu, geht dieser zusätzlich in eine 45-Grad-Wendung und nimmt dabei den Oberkörper etwas zurück. Damit stolpert der Gegner am WT-Kämpfer ins Leere vorbei.

der überwiegend von den kleineren Kindern als Singsang den aggressiveren oder vorwitzigen größeren Kindern entgegengerufen wurde. Die älteren Jugendlichen verkürzen diesen Satz später auf das Wörtchen

: Selber

und Erwachsene verwenden dafür gerne ein

: Schau mal in den Spiegel!

Das „Schau mal in den Spiegel!" nutze ich selber sehr gerne und erwidere meinen Kindern zur meistens notwendigen Wiederholung ein fröhlich verkürztes

: Spiegel.

Beleidigungen und „völlig inhaltslosen Vorwürfen" hält das Das-System ein:

: Das sagt der Richtige!

dagegen. Diese kurzen Sätze und Worte sind eine kraftsparende Umkehrung des Vorwurfes, der Ihnen „an den Kopf geworfen" wurde, eine pfiffige „Retourkutsche" der Beleidigung oder Kränkung, die Ihnen Ihr Gegenüber als Aggression zukommen lässt. Und zwar eine, mit der Sie die überlegenere Position einnehmen. In einer sehr kompakten „Verpackung" könnte man sagen. Denn Sie lassen sich damit zu nichts hinreißen, was man Ihnen hinterher eventuell noch „vorwerfen" könnte.

Wing Tsun

Im WT lernen die Schüler noch einen dritten und einen vierten Kraftsatz. Es sind:

3 : *Nutze die Kraft deines Gegners.*
4 : *Füge deine eigene Kraft hinzu.*

Stellen Sie sich mal vor, der andere würde das hinter Ihrem Rücken jemand anderen erzählen wollen. Also etwa so:

Stell dir vor, die Svenja hat ‚Das sagt der Richtige' zu mir gesagt! :

: Ja und?

Die wollte mich beleidigen! :

: Womit?

Mit dem Satz „Das sagt der Richtige!" halten Sie die Aggression Ihres Gegenübers auf Abstand und „kontern" gleichzeitig, allerdings viel zurückhaltender als der andere. Mehr nicht! Das reicht schon und das können Sie – ganz im Sinne der Effektiven Abwehr – ruhig mehrmals wiederholen.

Nutze die Worte des Gegners und füge die eigenen hinzu!
Sie halten damit immer das „richtige Maß" ein.

Am Ende wird Ihr Gegenüber entweder „vor Ärger platzen", weil es Sie nicht mehr beleidigen und „auf die Palme bringen" kann, oder solche Beleidigungen werden Ihnen sehr viel seltener „an den Kopf geworfen".

詠春

Der heranstürmende Gegner gleitet an der seitlich aufgestellten Hand am WTler vorbei und erhält von diesem – falls erforderlich – durch den aktiven Einsatz der eigenen Hände noch die notwendige Wegbewegung in Form eines Wegstoßens oder Wegschiebens.

Die Abwehr von „dummem Gerede"

Zur Abwehr von sogenannten „Kotzbrocken" und von Menschen, die einfach mal ein bisschen ihren Frust ablassen wollen durch unterschwellig aggressives Reden, hat sich der standardmäßig eingesetzte Satz

: „Ach, (Name), hör auf damit …

als hilfreich erwiesen.

Dazu folgende Situation, die mir eine Patientin erzählte, die Besuch von einem schlecht gelaunten Nachbarn bekommen hatte (hier Fritz genannt), der sie wie folgt ansprach:

Fritz:
Du hast es ja gut, keine Arbeit und nichts zu tun! :

Patientin:
: Sei doch froh! Wenn ich was zu tun hätte, könntest du nicht hier stehen und dich unterhalten!

Ist doch wahr, du bist ganz allein, machst nichts kaputt, keine Unordnung, und für den Garten hast du auch jemanden, der dir hilft … :

: Na, dann ist es ja gut, sonst wüsstest du ja nicht, wo du gerade sein könntest …

Den ganzen Tag nichts tun, was für ein Leben! :

: Wenigstens stehle ich den anderen nicht die Zeit!

Ach Blödsinn! :
(Dreht sich unwillig um und geht grußlos.)

Hinterher erzählte die Patientin: „Ich war danach so wütend über diesen Kerl, der stand selber nur herum und machte mir dann Vorwürfe! Da hab ich hinterher innerlich richtig gekocht!"

Anschließend übten wir dieselbe Szene noch mit den Mitteln der Effektiven Abwehr durch:

Fritz:
Du hast es ja gut, keine Arbeit und nichts zu tun! :

Patientin:
: Ach Fritz, hör auf damit …

Ist doch wahr, du bist ganz allein, machst nichts kaputt, keine Unordnung, und für den Garten hast du auch jemanden, der Dir hilft … :

: Ach Fritz, hör auf damit, Ende.

Den ganzen Tag nichts tun, was für ein Leben! :

: Ach Fritz, das reicht jetzt, geh mal nach Hause …

Auch hier würde sich Fritz vermutlich umdrehen und mit einem letzten Wort das Haus verlassen. Der Unterschied liegt darin, dass die Patientin nicht mehr ihre Kraft verschwendet und sich durch ihr Mitkämpfen nicht noch mehr aufregt.

Im Volksmund: „In der Ruhe liegt die Kraft."

Die noch etwas freundlichere Art des Neinsagens

Auch wenn Sie zu den freundlicheren Menschen gehören, die einen entspannten und harmonischen Kontakt mit ihren Mitmenschen einer aggressiven Auseinandersetzung vorziehen, so kommt es vermutlich trotzdem gelegentlich vor, dass Sie sich abgrenzen wollen. Dass Sie auch einem sonst netten Kollegen oder einem lieben Freund ein „Nein" entgegenhalten müssen. Denn fast jeder Mensch, egal ob Kind oder Erwachsener, neigt manchmal (z. B. unter Stress) dazu, sich etwas drängelnder oder überredender zu verhalten, als es in bestimmten Situationen passend ist.

Das ist einfach zutiefst menschlich, wie ich es meinem Patienten gerne erkläre.

Wenn Sie dann lieber etwas umgänglicher, etwas freundlicher „Nein" sagen wollen, so ersetzen Sie Ihr „Nein" (Ihre Abgrenzung) durch ein kleines „Ach" und verbinden es gleichzeitig mit dem Namen Ihres Gegenübers z. B. so:

: Ach Sven, das passt jetzt nicht.
Oder
: Ach Annika, das geht jetzt nicht.

Sehr gut eignet sich anstelle des „Ach" auch das Wort „Mensch" z. B. bei einem guten Bekannten:

: Mensch Dieter, das passt jetzt nicht!

Das Wort „Ach" oder „Mensch" nimmt, wenn es zur Distanzschaffung vorangestellt wird, Ihrem möglicherweise schon genervteren „Nein" etwas die Schärfe. Beide Wörter haben auch etwas Überredendes. Sie überreden damit z. B. Ihren guten Freund, Ihre Ablehnung seines Angebotes anzunehmen, zu akzeptieren. Sie grenzen sich so mithilfe eines etwas werbenden und eines etwas freundlicheren Tonfalls weicher und für den anderen annehmbarer ab. Darüber hinaus stellt – mit einer leichten Anhebung der Stimme – die Voranstellung des Wörtchens „Mensch!" auch eine Art Weckruf zu etwas mehr Achtsamkeit dar

: Mensch Dieter, pass doch auf!

Dafür, dass hier für Sie eine Grenze erreicht worden ist, die nicht mehr überschritten werden sollte.

Stellen Sie sich stattdessen einmal vor, Sie würden dem netten Menschen vor sich nur ein

: Nein, das geht nicht
oder ein
: Das geht nicht
oder ein
: Das passt nicht
oder nur ein ganz kurz angebundenes
: Nein
entgegenhalten.

Dann könnte es sein, dass Ihr Gegenüber es schwerer haben würde, Ihre freundlich gemeinte Ablehnung seines Angebotes zu akzeptieren. Oder wechseln Sie einmal kurz den Standort und stellen sich vor, dass Sie Ihrerseits von einem Ihnen nahestehenden Menschen nur ein kurzes, knappes „Nein" entgegengehalten bekämen. Dann könnte es sein, dass Sie die Ablehnung Ihres Gegenübers durch dessen „Nein" oder selbst ein etwas karges „Das geht jetzt nicht" schwerer nehmen würden, als es notwendig wäre. Vielleicht als eine Unfreundlichkeit. Besonders wenn Sie gerade etwas empfindlicher gestimmt wären.

Wing Tsun

Auch die Abwehr im WT-Kampfsport ist keine starre, sondern eine flexible Abwehr. Der ausgestreckte, Distanz schaffende linke Arm erhält in allen drei Gelenken eine leichte Beugung: in der Schulter, dem Ellbogen und der vorne aufgestellten linken Hand. Damit reagiert der Abwehrende weicher und flexibler, was den großen Vorteil hat, wie ein dehnbares Gummiband ausweichen zu können, um dann in der Gegenschwingung die eigene Aktion durchzubringen.

詠春

Der WTler vermeidet es so, dass der Angreifer beim ersten Angriff vom Zusammenstoß mit seinen Distanz erhaltenden, nach vorne ausgestreckten Händen verletzt wird; gleichzeitig verhindert er es, selbst durch die Wucht und die Kraft des aggressiven Zusammenstoßes zurückgeschleudert zu werden und seinen sicheren Stand zu verlieren. Der ausgestreckte linke Arm hält trotz der Flexibilität die Distanz zum anderen aufrecht. Er verändert – falls erforderlich – nur die Ausrichtung seines sicheren Standes von vorne in die 45-Grad-Position seiner beiden gedrehten Füße. Der Angreifer aber läuft, je nach eigener Schlagrichtung wieder entweder links oder rechts am Angegriffenen ins Leere vorbei.

Die vierte Übung:

Jetzt ist es an der Zeit für eine weitere Übung: Ihre Übung vor dem Schrank. Diese Übung prägt sich am besten in Ihr „Abwehrzentrum" ein, wenn Sie sie im Stehen mit einem Ersatzgegenüber wie z. B. einem großen wuchtigen Schrank durchführen. Üben Sie nicht „ins Leere hinein". Unser „ausführendes" Netzwerk braucht eine Art Gegenüber, sonst verlieren wir uns sozusagen im Nichts und unser Gehirn nimmt das Üben nicht ernst genug und speichert damit auch nichts.

Deshalb ist es auch nicht so sinnvoll, beim Autofahren (sehr beliebt) oder während sonstiger monotoner Beschäftigungen die Das-Sätze zu üben.

Wenn Sie mit Ihrem großen, kräftigen Schrank als Ersatzgegenüber üben, dann bekommen Ihre Das-Sätze fast automatisch etwas mehr „Ausdruck" in Ihrer Stimme und Sie erzielen eine größere Wirkung.

Das Gleiche gilt für Ihre Haltung und Ihre Gestik: Richten Sie sich gegenüber Ihrem Schrank (Ihrem „Ersatzübungspartner") gerade auf und strecken Sie Ihre leicht gestikulierenden Hände ebenso etwas versetzt nach vorne aus wie im Ernstfall einer Auseinandersetzung.

Und damit Sie nicht ins Leere üben, brauchen Sie eben ein Ersatzgegenüber als Adressaten Ihrer angemessenen Abwehr. Deshalb hat es sich bewährt, sich vor einen größeren Schrank zu stellen und im Geiste zwei nebeneinanderliegende Punkte zu markieren (die Augen Ihres Gegenübers). Richten Sie Ihre Aufmerksamkeit darauf, und beginnen Sie dann, Ihre Das-Sätze kraftvoll auszusprechen.

: das Üben vor dem Schrank

Also z. B. so:

: Das passt jetzt nicht!
: Das geht so nicht!
: Das geht zu weit!
: Das stimmt nicht!
: Das reicht jetzt!
: Das sagt der Richtige!

Als Nächstes überlegen Sie sich eine reale, aggressiv gefärbte Szene: Denken Sie dazu an die letzte Auseinandersetzung, den letzten Angriff mit bösen oder verletzenden Worten, an die letzte Druck- oder Übergriffssituation, der Sie ausgesetzt gewesen sind. Sprechen Sie dann zuerst die Worte oder Sätze aus, mit denen Ihr aggressives Gegenüber Ihnen Druck gemacht, Sie angefahren oder angegriffen hat.

Es sollten ähnliche Worte sein, aber es müssen nicht exakt die gleichen Worte sein.

Und dann halten Sie Ihrem Ersatzübungspartner, der für Ihren „Druckmacher", Ihren „Quälgeist" am Arbeitsplatz, bei sich zu Hause oder sonst wo steht, einen der Das-Sätze entgegen, die Sie bis dahin geübt haben.

Dann stellen Sie sich als Nächstes vor, was ihr Gegenüber Ihnen vermutlich entgegnet hätte, da der andere ja nicht mit der Aggression aufhört.

Danach wiederholen Sie Ihren Das-Satz noch einmal. Benötigt Ihr angemessener Das-Satz noch ein unterstützendes Argument, so können Sie dieses jetzt noch hinzufügen. Mehr aber nicht! Abschließend überlegen Sie sich wieder, was Ihr Gegenüber Ihnen wohl entgegnen könnte, und setzen dem erneut Ihren sich wiederholenden Das-Satz entgegen. Diesmal jedoch ohne Begründung.

Diese Übungssituation können Sie wie in einer realen Drucksituation mit einem
: Das reicht jetzt! Ich muss jetzt auch gehen
oder einem
: Das reicht jetzt, Ende! Ich geh jetzt nach draußen
abschließen.

Dieses „Ich" ist neben dem eventuell notwendigen Erklärungs-Ich in Ihrem kurzen Unterstützungsargument das einzige „Ich", das Sie in so einer Situation „von sich geben" sollten.

Dann drehen Sie sich um und entfernen Sie sich vom Schrank. Vielleicht öffnen Sie auch die Zimmertür und verlassen kurz den Raum, in dem Sie geübt haben. Es hat sich auch bewährt, diesen abschließenden Satz mit einem Auf-die-Uhr-Schauen zu verbinden, als wenn es für Sie eine zeitliche Notwendigkeit des Gehens gäbe. Das wird Ihnen Ihr Weggehen noch etwas erleichtern.

Wiederholen Sie diese Übung dreimal nacheinander (das sollte allerdings nicht länger als fünf bis zehn Minuten dauern). Nach jedem Übungsdurchgang werden Sie feststellen, dass Ihre Das-Sätze etwas leichter und flüssiger herauskommen.

Hier „taucht" jetzt ein Problem auf, das Ihnen eventuell noch öfter bei Ihrem Übungsprogramm begegnen wird: Diese Übungen auch wirklich zu realisieren! Das stellt nach den ersten Übungen nicht selten eine merkwürdige Überwindung dar (sogar für Lehrer, also für sogenannte „Profis", die das Gleiche tagtäglich von ihren Schülern erwarten). Etwas, womit man zu Beginn nicht rechnet (ich selbst auch nicht!). Deshalb heißt es auch im Volksmund: „Der Anfang fällt am schwersten."

Versuchen Sie es auch einmal mit dem „sicheren WT-Stand":
Das rechte Bein steht bequem und leicht versetzt vor dem linken Bein (bei Linkshändigkeit bitte umgekehrt) und das Körpergewicht ruht etwas mehr auf dem hinteren Bein. Auch damit unterstützen Sie schon rein körperlich Ihre sprachliche Abwehr, etwas, was in das Unbewusste Ihres aggressiven Gegenübers eindringt und mit zur Wirkungsverstärkung Ihrer Abwehr beiträgt.

Das entspricht dann ziemlich genau der Abwehr, wie sie z. B. im WingTsun – aber nicht nur dort – zur Abwehr bzw. Distanzerhaltung gegenüber einem Angreifer geübt wird.

Zur Unterstützung Ihrer Vorstellungskraft können Sie sich z. B. auch einen Südeuropäer vorstellen. Südeuropäer unterhalten sich viel mehr mit Gesten, „mit Händen und Füßen" als wir Mittel- und Nordeuropäer. Diese werden durch ihre Gestik für andere verständlicher und „ausdrucksstärker" (während wir Mittel- und Nordeuropäer nur artikulieren, uns also nur mit Worten ausdrücken). Ganz nebenbei speichert so Ihr Gehirn diese Übung auch noch besser, d. h. in noch mehr Speichernervenzellen, ab.

Wenn die Sprache mit der sichtbaren Wahrnehmung gekoppelt wird, nimmt nicht nur das Netzwerk unseres Gegenübers, sondern auch unser eigenes „Ich" mehr von der Nachhaltigkeit und Wirksamkeit unserer Abwehr wahr. Und das erhöht die Wirkung einer Effektiven Abwehr noch weiter.

Verzichten Sie am Anfang lieber auf einen realen Übungspartner, außer Sie haben einen Therapeuten, der es gewohnt ist, mit Rollenspielen zu arbeiten. Denn Ihr Gegenüber wird Sie eher ablenken, auch wenn Sie das gar nicht bemerken.

Mit einem realen Gegenüber spielt sich für unser Gehirn gerade zu Beginn zu viel auf anderen Wahrnehmungskanälen ab, als dass sich unser Verstand gut genug konzentrieren könnte.

Der Umgang mit Situationen, in denen man nichts erreichen kann

Gerade wenn man von einer guten Sache überzeugt ist oder meint, sich für eine gerechte Angelegenheit einsetzen zu müssen, fühlt man sich manchmal in einen Konflikt durch andere regelrecht „hineingesogen". Der andere möchte das in solchen Diskussionen nämlich gerne: dass Sie mitmachen und länger als sinnvoll mitdiskutieren. Vielleicht weil er sich unbewusst Unterstützung in der eigenen (aussichtslosen) Konfliktsituation erhofft, oder – wenn Ihr Gegenüber von der aggressiveren Sorte Mensch ist – weil es ihm Spaß macht, sich reden zu hören oder sich sonst wie darzustellen.

Gerade in Situationen, in denen Sie davon ausgehen können, einem rivalisierenden, sich darstellen wollenden Menschen zu begegnen, ist es sinnvoll, sich vorher zu überlegen, ob jemand Sie in einen Konflikt, einen Streit oder in eine Drucksituation (mit) hineinziehen könnte. Plötzlich sind Sie dann „mitten drin" und regen sich auf. Geraten Sie so z. B. in irgendwelche Machtkämpfe hinein, so befinden Sie sich unter Umständen sehr schnell „im Clinch", ohne jeden Abstand und ohne jeden Schutz.

Der Begriff „im Clinch sein" kommt vom Boxen, wo sich zwei Boxer umklammern und keine Wirkung mehr erzielen können.

Wing Tsun

Im WT-Kampfsport ist es auch die auf dem hinteren Bein ruhende Abwehrposition des WTlers, die ein unüberlegtes Angreifen oder Vorgehen verhindert

Im System der Effektiven Abwehr bedeutet das, irgendwann zu lernen, rechtzeitig darauf zu achten, wann und in welchen Situationen, die eventuell auf einen zukommen werden, man sich selber bremsen, sich selber begrenzen sollte. Es gibt im Alltag und am Arbeitsplatz genügend Situationen, in denen man sich vorher selbst zur Achtsamkeit und zum Abstand gegenüber anderen auffordern kann.

Der Volksmund sagt dazu, dass man „cool bleiben" soll, oder „der Klügere gibt auch mal nach" oder „bis zehn zählen".

Deshalb sollte es auch zu Ihrem Übungsprogramm gehören, darauf zu achten, dass Sie selber genügend Distanz zu Ihrem Gegenüber einhalten. Denn sonst verlieren Sie Ihre Überlegenheit wieder! In solchen „Sog-Situationen" können auch sogenannte Unterbrechungssätze behilflich sein. Geraten Sie also z. B. in eine solche Unterstützungsposition am Arbeitsplatz und jemand „jammert" Ihnen „etwas vor", so könnten Sie diese Situation so unterbrechen:

: Ach, Mike, hör auf damit! Das bringt doch nichts!
um dann vielleicht hinzuzufügen:
: Das ändert jetzt auch nichts …
Der Wiederholungssatz würde dann nur noch lauten:
: Ach, Mike, das reicht jetzt …

Danach wäre es das Beste, Sie würden sich wieder Ihrer Tätigkeit zuwenden oder etwas anderes machen

詠春

(anders als z. B. im Boxen, wo der Boxer sein Gewicht mehr auf das vordere Bein verlagert, um schneller vorstoßen zu können).

Die Abwehr von Provokationen

Dominant-aggressive Menschen, besonders die „Superdominanten" unter diesen, also die, die meinen, sich immer durchsetzen zu müssen, wenn ihnen „der Weg versperrt" ist, die sich niemals unterordnen können oder die jede Ablehnung eines Wunsches als Ablehnung ihrer Person verstehen, neigen gerne dazu, zu provozieren und „einen Streit vom Zaun zu brechen". Dabei gehen solche Menschen häufig so geschickt vor, dass ein Streit auch mit den Mitteln der Effektiven Abwehr nur mit viel Übung und Erfahrung zu vermeiden ist.

Handelt es sich allerdings um einen „Wiederholungstäter" aus Ihrer näheren Umgebung oder um eine typische, wiederkehrende Situation oder Thematik, können Sie einen so provozierten Streit gut mit den Unterbrechungssätzen aus der Effektiven Abwehr an sich (und den anderen „Betroffenen") abgleiten lassen.

Ein typischer, provozierter Streit könnte so beginnen:

1. Versuch:
Lass uns mal über das und das reden. :

: (Achtung: Sie wissen, das gibt höchstwahrscheinlich Stress.)
: Das bringt doch nichts.

2. Versuch:
Wieso denn nicht? Darüber muss man doch reden! :

: Ach, Claudia, das bringt doch nichts.

3. Versuch:
Du willst nur nicht, dir ist wohl alles egal! :

: Hör auf damit!

4. Versuch:
Du hast wohl Angst zu verlieren? :

: Okay!
Damit wenden Sie sich ab und/oder verlassen den Raum.

Eine andere Möglichkeit, besonders im Umgang mit Menschen, die man ganz gut einschätzen kann, besteht darin, sich ab der dritten Abwehr nur noch auf ein knappes, leicht abgehacktes „Ja!" zu beschränken.

Das könnte dann z. B. so aussehen (Sie befinden sich bereits vor Ihrer dritten Antwort):

Du hast wohl Angst zu verlieren? Du Feigling, du! :
: Ja!
4. Versuch:
Stimmt nicht, oder? :
: Japs!
5. Versuch:
Du bist doch sonst immer so schlau! :
: Okay!
6. Versuch:
Wer anfängt, muss auch aufhören! :
: Stimmt!

Das Prinzip ist hier überall das gleiche: die Verwendung kurzer, knapper Antworten, das „Nicht-darauf-Eingehen".

Das ist ein weiterer Lehrsatz aus unserer Kindheit, der – halb ermahnende – Satz der Eltern:
: Geh doch nicht darauf ein!

Das könnte in dieser Situation immer so weitergehen, aber der „Klügere" gibt irgendwann nach und verlässt den Raum oder wendet sich anderen Aufgaben zu.

Halten Sie den anderen auf : die Stoppregeln

Es gibt Tage und Situationen, da möchte man einfach nicht übersehen oder übergangen werden, da ärgert es einen mehr als sonst, wenn sich ein anderer vordrängelt oder sich zu wichtig macht. Da können Sie fast gar nicht anders, als den anderen aufzuhalten.

„Es lebt der beste Mensch nicht in Ruh, wenn es nicht lässt der andere zu."

Die fünfte Übung :

Stellen Sie sich vor, Sie stehen am Sonntagmorgen in einer Bäckerei und haben es etwas eilig. Sie wollen noch schnell für das geplante Frühstück ein paar frische, warme Brötchen kaufen und stehen in einer Schlange. Es ist viel Betrieb und alle haben es eilig. Sie sind als Nächster dran und plötzlich kommt jemand, der schräg neben Ihnen steht, und drängelt sich vor. (Eventuell merken Sie es schon vorher, wenn sich jemand gleich vordrängeln wird.) Der Mann wird von der gestressten Verkäuferin auch schon fragend oder auffordernd angeschaut und beginnt sofort zu reden:

Zehn Brötchen ... :

Da unterbrechen Sie die Situation, heben Ihre Hand und sagen laut:

: Halt, Stopp! – Hier geht es weiter!

Mehr nicht! In 95 % der Fälle reicht das schon! Der Vordrängler zuckt zurück und Sie können Ihre Bestellung aufgeben. „Verkneifen" Sie es sich, hinzuzufügen:

: Ich steh hier schon länger als Sie.

Dafür benutzt das System der Effektiven Abwehr einige wirkungsvolle Stoppworte und Stoppsätze. Das geschieht z. B. mit den Worten wie:

: Halt! Stopp! Das geht (so) nicht!
(Das entspricht einer verstärkten Verneinung.)
Oder auch nur:
: Halt! Das geht (so) nicht!

Auch dazu eine kleine Übungsmöglichkeit:

: Den anderen aufhalten

oder etwas Ähnliches, denn das ist oft eine Einladung zum Weitermachen für den anderen, zum „In-den-Ring-Steigen". Sollte das aber nicht ausreichen, dann wiederholen Sie Ihr

: Hier geht es weiter!

Eine etwas kürzere Variante erzählte mir vor ein paar Tagen ein Patient: „Neulich stand ich in einer Schlange und war in Gedanken versunken, ohne zu merken, dass es vor mir weiterging. Plötzlich bemerkte ich, wie zwei große, kräftige, etwas jüngere Männer an mir vorbeigingen und sich vor mich stellten. Da hab ich gesagt:

: Ey, Leute, was soll das?
Das geht ja gar nicht!

Danach haben die noch irgendwas gesagt und sich dann wieder brav hinten angestellt. Da hat sich das Üben doch gelohnt, oder?"

Bestimmt kennen Sie auch die eine oder andere Situation, in der Sie „übergangen" worden sind. Rufen Sie sich jetzt am besten eine solche ins Gedächtnis zurück und üben Sie genau diese. Mit Ihrem Übungspartner, also Ihrem kräftigen, großen Schrank!

Die Abwehr übergriffigen Verhaltens – die Kunst der Diplomatie!

Eine besondere Form versteckten Drucks stellt übergriffiges Verhalten dar. Darunter versteht man z. B. Situationen, in denen ein anderer Sie ungefragt in etwas einbezieht, etwas voraussetzt oder etwas als selbstverständlich erwartet, das Sie (so) nicht möchten. Das können z. B. die „lieben Nachbarn oder Verwandten" sein, „liebe Kollegen" oder ein Kunde bzw. ein Gast oder sonst ein „netter Mensch".

Dafür gibt es in der Effektiven Abwehr das Mittel der „ausgesuchten Höflichkeit".

Die Mittel der „ausgesuchten Höflichkeit" sind vor allem für eine Anwendung in der Öffentlichkeit geeignet. Damit halten Sie andere so angemessen auf Distanz, dass niemand Ihnen etwas vorwerfen könnte. Gleichzeitig werben Sie darum, dass der andere Ihre Ablehnung akzeptiert.

Bestimmt haben Sie schon des Öfteren im Film gesehen, wie jemand angestürmt kommt und dann von einem anderen sehr höflich, aber bestimmt aufgehalten wird, z. B. so:

: Lassen Sie mich vorbei, ich habe es eilig! :

Woraufhin der andere entgegnet:
: Das tut mir sehr leid, mein Herr,
aber das geht jetzt wirklich nicht!

Das System der Effektiven Abwehr setzt also die Mittel der „ausgesuchten Höflichkeit" zur Abwehr eines etwas verdeckter „daherkommenden" Drucks ein, aber auch um dem anderen die Annahme eines „Neins" zu erleichtern. Mit Sätzen, die alle an zentraler Stelle ein Höflichkeitswort wie z. B. „leider" enthalten. Folgende Sätze können Sie als Mittel Ihrer „ausgesuchten Höflichkeit" standardmäßig anwenden:

: Das geht leider nicht!
: Das passt leider (wirklich) nicht!
: Das stimmt leider nicht!

Ein Beispiel dafür wäre z. B. ein dominanter Nachbar, der für eine Nachbarschaftsfeier Hilfsdienste verteilt oder Geld einsammelt, ohne Sie vorher gefragt zu haben, ob Sie überhaupt mithelfen wollen oder können, bzw. ohne Ihnen die Möglichkeit einzuräumen, etwas anderes oder auch gar nichts zu machen. Eine solche Situation mit einem übergriffigen Nachbar (hier ÜN abgekürzt) könnte dann vielleicht so aussehen:

	ÜN	Antwort
Wir fangen morgen alle früher an.	:	
		: Das geht leider nicht, das ist zu früh.
Wieso können Sie nicht früher kommen?	:	
		: Das passt nicht.
Warum nicht?	:	
		: Das passt leider nicht.
Sie wollen wohl nicht helfen?	:	
		: Sorry.
Sie müssen es ja wissen …	:	

Das könnte jetzt wieder längere Zeit so weitergehen, aber eine gute Abwehr kann es sich leisten, auf das letzte Wort zu verzichten. Das Entscheidende ist, die Ablehnung diplomatisch, also mit „ausgesuchter Höflichkeit", dem übergriffigen, druckmachenden Gegenüber „rüberzubringen".

Diplomatie bezeichnet im System der Effektiven Abwehr also die Kunst, eine Ablehnung so weich und flexibel zu formulieren, dass der andere dadurch nicht aggressiv(er) wird.

Ausnahmsweise können Sie mit den Mitteln der „ausgesuchten Höflichkeit" auch einmal eine Situation stellvertretend für einen anderen abwehren, z. B. dann, wenn Sie durch die Auswirkungen des übergriffigen Verhaltens mit betroffen wären. Einen solchen Fall schilderte mir kürzlich eine Patientin.

„Georg hatte den Kindern versprochen, bei der Aktion ‚Väter zelten mit ihren Kindern' mitzumachen und mit ihnen bis Sonntagmittag im Wald zu zelten. Gleichzeitig stand Georg aber schon des Längeren unter Druck, im Verein mitzuhelfen. Als wir dann am Freitagabend vor dem Zelten bei den Nachbarn waren, sprach einer der Nachbarn, der im Verein immer bestimmen will, Georg so an:

Also Georg, Sonntag 11.00 Uhr, da denkst du dran, da fangen wir alle an! :

Und Georg sagt einfach

: Ja.

Ich fasste das nicht! Ich war sofort auf hundertachtzig! Er hatte es doch den Kindern versprochen, und wusste, dass das Zelten mindestens bis um 13.00 Uhr gehen sollte! Ich hab mit Georg dann den ganzen Abend nicht mehr gesprochen!"

Anschließend übten wir auch diese Situation im Rollenspiel, woraus sich dann folgende Übung ergab:

Patientin:
: Hannes (so hieß der Nachbar), das passt leider nicht, da ist Georg mit den Kindern beim Zelten. Das wird nichts vor 14.00 Uhr.

Hannes wendet sich direkt an Georg um die Patientin zu umgehen:
Georg, das kannst du doch nicht machen, das haben wir doch so besprochen, wir brauchen dich, du warst ja schon die letzten Male nicht mit dabei! :

Georg:
: Äh, mal gucken, ich weiß ja noch gar nicht, wann die wirklich aufhören, ich bin schon irgendwie da …

Patientin:
: Hannes, das passt dann wirklich nicht, das schafft Georg mit den Kindern nicht rechtzeitig!

Hannes:
Georg, was ist jetzt? Alle kommen schon um elf! Und du weißt doch, wir sind nicht so viele. :

Georg:
: Ja, ja, mal schauen, wir reden noch miteinander …

Patientin:
: Ach Hannes, das bringt jetzt nichts, das geht am Sonntag leider nicht!

An dieser Stelle wäre es jetzt für die Patientin das Beste, das Thema zu wechseln, also bildlich gesprochen den Raum zu verlassen.

Die Abwehr unberechenbaren Verhaltens

Stark aggressiv geprägte Drucksituationen werden gelegentlich auch durch eine (Schein-)Frage eingeleitet. Jemand schreit oder „herrscht" einen an und „verpackt" diese Aggressionen gleichzeitig in eine Frage, die in Wirklichkeit ein Vorwurf ist:

: Was haben Sie denn da gemacht? :
: (... für einen Mist gebaut?) :

Darauf angemessen zu reagieren ist nicht so einfach, als wenn einem der Druck und die Aggressionen offen und direkt entgegengebracht werden. Scheinfragen verwirren uns nämlich. „Auf der einen Seite" wird unser für die „Ausführung" zuständiger Netzwerkcomputer mit der sofortigen Bearbeitung einer (scheinbaren) Frage aktiviert. Und gleichzeitig spürt unser Unbewusstes den Druck und meldet es dem „emotionalen" Netzwerk: „Achtung Gefahr! – Code Red – kritische Situation durch Angriff von vorne!" Dann kollidieren zwei verschiedene Netzwerke miteinander: das automatisch reagierende Abwehrzentrum und unser Zentrum für die Abteilung „Vernunft und Verstand".

Im Ergebnis sind wir verwirrt, wir reagieren vielleicht unangemessen und wissen nicht mehr, was wir sagen sollen. Ein (Gefühls-)Chaos droht zu entstehen. Und da der Angegriffene mit dem Schreien überhaupt nicht gerechnet hat, wird er sich noch zusätzlich überrumpelt fühlen. Jetzt braucht man einige Zeit, um sich zu sammeln und irgendwie zu reagieren.

Mit dem System der Effektiven Abwehr begrenzt man so eine Attacke, indem dem Aggressor die beiden einfachsten aller (Gegen-)Fragen entgegengestellt werden:

: Was soll das?
Oder:
: Was ist los?

Die Situation beginnt also z. B. mit der plötzlich
ausbrechenden Aggression des Angreifers:
Warum hörst du nicht zu, verdammt noch mal? :
: Was soll das?

Warum antwortest du nicht,
wenn man dich was fragt? :

: Was ist (denn) los?
(Diese Frage könnte auch etwas gedehnt ausgesprochen werden.)

Die Gegenfrage „Was soll das?" ist als Sofortreaktion geeignet, wenn unser Gehirn noch in der Phase der Sortierung ist, der Wiederherstellung geordneter Abläufe. Die Gegenfrage „Was ist los?" eignet sich gut, wenn unser Gehirn die Situation schon als eindeutig aggressiv eingeordnet hat, wir aber noch „nach Worten suchen". Sie ist gleichzeitig eine Aufforderung an den anderen, seine Aggression zu erklären. Damit verschafft man sich einen ersten Überblick über den plötzlichen Stimmungswechsel des Gegenübers. Als Nächstes könnte dann ein

: Hör auf damit! Das reicht jetzt!

folgen. Damit hätte sich Ihr Abwehrzentrum vollständig organisiert und die eingeübten Abläufe Ihrer Abwehr erfüllten ihre Funktion wieder wie gewohnt.

Herrn M., ein sportlich wirkender 35-jähriger Patient, berichtete über für ihn immer wieder völlig unerwartet entstehende Auseinandersetzungen mit seinem Vater, die stets mit heftigem Geschrei endeten.

„Einmal hab ich meinem Vater sogar eine geballert, also richtig auf den Arm geschlagen, so wütend war ich, dass sogar meine Freunde gesagt haben, sie könnten mich verstehen." In diesen Auseinandersetzungen mit dem Vater überkam ihn „eine ganz tiefe Wut und Hilflosigkeit zugleich". In einer der Therapiesitzungen berichtete er von einem Streit aus dem letzten Urlaub: „Meine Frau und ich waren zusammen mit meinen Eltern im Urlaub und wir hatten meinen Eltern eine neue Kamera gekauft. Und da mein Vater sich nicht besonders gerne mit Gebrauchsanweisungen auseinandersetzt, hatte ich mir am Tisch die

Gebrauchsanweisung dafür vorgenommen. Irgendwann sprach mich meine Frau an, aber das nahm ich gar nicht wahr, und auch als sie mich ein zweites Mal ansprach, registrierte ich es noch nicht. Da schrie mich mein Vater plötzlich an, was mir denn einfalle, nicht auf meine Frau zu antworten, wenn diese mich ansprechen würde. Das war so ungerecht, es war ja seine Digitalkamera, deren Gebrauchsanweisung ich für ihn lesen wollte ... Da war ich völlig sprachlos! Ich hab dann erst versucht, mich zu rechtfertigen, aber dann haben auch die anderen beiden, meine Frau und meine Mutter, auf mich eingeredet und meinem Vater recht gegeben. Das war so, als wenn mir ein Messer in den Bauch gestochen würde und mir die Luft entwich.

Ich hab dann noch mal versucht, mich zu rechtfertigen, zu erklären, warum ich die Frage meiner Frau nicht gehört hatte ... Dann bin ich ziemlich schnell gegangen und wollte in der Nacht noch nach Hause fahren, so wütend und gekränkt war ich ...

Wing Tsun

Der WTler lernt, im ungünstigsten Fall einen unvorbereiteten Schlag „einzustecken". Danach ergreift er die Initiative und befreit sich reflexartig aus der bedrohlichen Situation. Falls möglich macht er den Gegner dabei kampfunfähig.

Ich versteh nicht, was mein Vater da macht, das kommt so überraschend, so blitzartig, ich kann mich da wirklich nicht drauf einstellen, und so ist es mir schon immer mit ihm ergangen ..."

Anschließend übten wir im Rollenspiel die oben geschilderte Szene. Für Herrn M. passte dann der Satz am besten:

: Was ist los?
Diese Worte wurden von dem Patienten etwas gedehnter ausgesprochen, um in der Wiederholung mit einem (etwas aggressiveren)
: Was soll das?
zu reagieren.
Danach verließ er mit einem
: Das reicht,
ich brauch jetzt dringend frische Luft
den Raum.

詠春

Auch der Gegenangriff erfolgt im Vorwärtsdrang immer aus der gleichen Körperhaltung heraus: mit dem Körpergewicht auf dem hinteren Bein, mit einem geraden Oberkörper sowie den Kopf mehr hinter der zentralen Körperachse haltend, zur Sicherung der eigenen verletzlichen Körperteile.

Wenn die Wut doch einmal größer wird!

Manchmal wird es auch Situationen geben, in denen Sie nicht so „gut drauf sind", wie es für Sie hilfreich wäre. Situationen, in denen Sie vielleicht gereizt sind und damit nur noch „bedingt abwehrbereit".

Dieses Kapitel beschreibt deshalb die Möglichkeiten, die Sie darüber hinaus noch zur Verfügung haben. Falls Ihre gelernten Techniken aus der Effektiven Abwehr nicht mehr ausreichen sollten und Ihnen „der Kragen zu platzen" droht. Was Sie noch machen können, wenn Sie sich zu sehr in das Streitgeschehen hineingezogen fühlen.

Oft kommt in solchen Momenten auch eine ganz tiefe Wut in einem hoch, entstanden in lange zurückliegenden Zeiten, mit allem, was dazugehört: Entwertungen, Kränkungen und endlosen Niederlagen. „Das war wie ein Déjà-vu! Als wenn ein Film aus früheren Zeiten in meinem Kopf ablief." Eine Wut, die ein Ventil braucht. Eines, das Sie nicht mehr in Ihren sonstigen Ausgleichsmöglichkeiten finden, wie z. B. beim Joggen, im Hobby oder durch ein Entspannungstraining.

Wenn es Ihnen also nicht mehr gelingt, die Dominanz und die Aggressionen Ihres Gegenübers an sich abgleiten zu lassen und diesen auf Distanz zu halten, dann haben Sie immer noch die Möglichkeit, Ihrem inneren Druck kontrolliert Luft zu verschaffen. Dann fühlt es sich vielleicht besser an, wenn Sie auch mal ein etwas kräftigeres:

: Das ist doch total bescheuert!
: Das nervt jetzt total!
: Das ist doch zum …!

entgegenhalten können. Das würde dann so aussehen:
Ihr Gegenüber macht Ihnen zum 20. Mal dieselben ungerechten und unberechtigten Vorwürfe:

Seitdem du da und da warst … :
Seitdem dein Freund da war, :
bist du ganz anders als sonst! :

: Du liebst mich nicht mehr richtig!
: Du regst dich über alles auf, du bist unerträglich mit
: deinem Neid, deinen Ansprüchen!
: Du bist ja genau wie dein Vater/deine Mutter!
: Ich weiß gar nicht, was du willst, du machst doch
: immer alles kaputt, du bist an allem schuld.
...

Solche einem zum hundertsten Mal vorgehaltenen „Generalvorwürfe" führen irgendwann zu einer Art „Allergisierung", oft sind sie der berühmte „Tropfen, der das Fass zum Überlaufen bringt". Dann kann Ihre Antwort zur Not auch etwas heftiger, lauter und aggressiver ausfallen, als Sie es nach den Regeln der Effektiven Abwehr sonst bevorzugen würden (solange Sie dabei kein „Ich" oder „Du" benutzen).
Also z. B. so:

: Das ist doch total bescheuert,
: das reicht jetzt endgültig!

Und das können Sie ebenfalls mehrfach wiederholen, bevor Sie aufstehen und den Raum verlassen.

Damit sollten Sie aber nicht Ihr aggressives Gegenüber zu beeindrukken oder zu erschrecken versuchen (es wird ja sowieso nichts nutzen), sondern das soll vor allem dem eigenen Druckabbau dienen. Wenn Sie entgegen Ihrem guten Vorsatz, nicht mitzustreiten, in Ihrer Wut doch mitgestritten haben.

Das wird Ihnen auch dabei helfen, sollten Sie einmal auf sich selbst wütend sein, Ihre Wut wieder loszuwerden und „Dampf abzulassen".

Natürlich wird es auch noch andere Situationen geben, in denen Sie auf Freundlichkeit verzichten möchten. Zum Beispiel wenn Ihr Gegenüber mit Ihnen bewusst unhöflich oder respektlos umgeht. Oder wenn Sie den anderen einfach nicht mögen und diesen nicht an sich „herankommen" lassen wollen. Aber auch wenn der Ärger über ein selbst verursachtes Missgeschick zu groß wird, kommt es gelegentlich vor, dass man laut schimpft oder flucht.

Auch jemand, der die Regeln der Effektiven Abwehr beherrscht, ist eben ab und zu genervt.

Darüber hinaus können Sie in so einer Situation mit jedem Ihrer Schimpfworte Ihre Hand zur Faust werden lassen und/oder mit ihrem Fuß aufstampfen. Wenn es ausnahmsweise sein muss und es Ihnen hilft, können Sie sogar gegen Sachen schlagen! Alles ist erlaubt, solange Sie nicht persönlich werden, niemanden verletzen, nichts zerstören und auch niemandem Schmerzen zufügen!

Wie mit einem Überdruckventil können Sie also zur Not mit einem Fluch oder einem Auf-den-Tisch-Hauen Ihren aufsteigenden Druck ablassen, z. B. so:

: Verdammter Mist!
: Verdammt noch mal!

Allerdings wäre das dann vermutlich ein Hinweis, dass Ihre Druck- und Aggressionsabwehr noch etwas Übung vertragen könnte.

Wing Tsun

Im WT gibt es auch die Technik des „Blitz-Defense". Darunter versteht man eine Situation, die höchstwahrscheinlich nur durch einen blitzschnellen, dem anderen zuvorkommenden Gegenangriff gelöst werden kann.

Dazu macht der WTler einen seitlichen Ausfallschritt nach quer vorne und umgeht seitlich die gerade anlaufende Schlagfolge des Angreifers. Damit steht der WTler plötzlich neben dem Angreifer und setzt diesen mit einem gezielten von der Seite kommenden Faustschlag „außer Gefecht".

Die Effektive Abwehr unterlässt es auch, den anderen ins „ausgestreckte Messer laufen zu lassen", ihn zu kränken und sich abgelehnt fühlen zu lassen. Eine gute Abwehr funktioniert wirklich nur, wenn man selbst angegriffen wird. Als Scheinabwehr, zur Unterstützung von Druck und Gewalt in den Händen eines Aggressors wird sie keine echte Hilfe sein und einen auch nicht stärken. Deshalb versucht das System der Effektiven Abwehr trotz der hier aufgeführten Ausnahmen, möglichst lange freundlich und flexibel zu bleiben. Das ist neben dem Verzicht auf das Mitkämpfen eine weitere Voraussetzung, um in der „überlegenen Position" bleiben zu können.

Unser Gegenüber kann eine umgänglichere und freundlichere Art der Grenzziehung und Distanzschaffung eher akzeptieren, als wenn es einem sozusagen „vor den Kopf geknallt" wird.

詠春

Notfalls kann der Abwehrende danach rasch die Situation verlassen, um sich auf keine weitere, ungewisse Kampfsituation einlassen zu müssen.

Er hat auf jeden Fall das Überraschungsmoment für sich ausgewählt und ist damit dem ersten Schlag des Angreifers zuvorgekommen.

Die Ruhe nach dem Sturm …

Was kommt danach? Und wie geht es weiter?
In einer Konfliktsituation, in einem Streit, wenn wir bedrängt werden oder wenn jemand uns gegenüber mit Worten übergriffig wird, kann niemand entspannt und locker bleiben. In einer aggressiven Situation ist ja das Denken auf eine Art Notprogramm reduziert. In einer solchen Situation ist es immer das Wichtigste, Abstand zum Gegenüber herzustellen und eine sichere Grenze zu ziehen.

Erst wenn wir das geschafft haben und etwas Ruhe eingekehrt ist, können wir wieder – wenn wir es dann noch wollen – damit beginnen, Lösungen zu entwickeln und über vielleicht vorstellbare und mögliche Alternativen zu reden. Also z. B. warum das Verhalten des anderen nicht hinnehmbar (gewesen) ist oder warum das Verhalten des anderen eine Entwertung, eine Kränkung oder eine Unterstellung war etc. und dass das so nicht (mehr) geht!

Dennoch kommt es oft genug vor, dass wir uns zwar nach und nach behaupten können – und das umso leichter, je erfahrener wir in der Abwehr von Auseinandersetzungen sind –, dass sich aber trotzdem schmerzende und verletzte Gefühle in unserem seelischen Fass anhäufen können und dort durcheinanderwirbeln. Weil die Aggressionen unseres Gegenübers schon früher eine Wirkung in uns gezeigt haben. Entweder weil wir den Attacken in der Vergangenheit bereits Dutzende Male ausgesetzt waren oder weil wir durch die Angriffe anderer übersensibilisiert worden sind.

Manchmal öffnet sich so in uns eine verborgene und von uns unbemerkte Erinnerungstür.

Dann dauert es länger, selbst nach einer vom Ablauf her erfolgreicheren Abwehr, aus solchen schmerzhaften Gefühlen wieder herauszukommen und einen Schritt auf den anderen zuzugehen, um nach einer Lösung suchen zu können.

Eine solche Lösung könnte dann vielleicht – mit genügend Abstand – mithilfe eines Standardsatzes angeboten werden:

: Das reicht doch jetzt, lass uns einfach aufhören.

Mit dem „uns" kann man hier das gemeinsame Interesse am Ende der Auseinandersetzung betonen.

Oder:
: Dann sind wir eben verschiedener Meinung.
Oder:
: Das bringt ja nichts mehr,
dann ist jetzt eben Sendepause.

Und gibt unser Gegenüber ausnahmsweise doch einmal nach und erklärt die Gründe für sein aggressives Verhalten, dann gelingt einem das Verzeihen sogar eher.

Dann hat es sich als konfliktreduzierend erwiesen, danach das Thema zu wechseln und etwas Ruhe einkehren zu lassen. Alles andere, was Sie jetzt noch sagen könnten oder wollten, würde Sie nur wieder in Gefahr bringen, in das alte Rechtfertigungsschema zurückzufallen und die in dem Moment erreichte Distanz wieder aufzugeben.

Doch meistens braucht der einmal nicht siegreiche Angreifer, der an Ihrer effektiveren Abwehr gescheitert ist, erst etwas Zeit, um sich (alleine) abzureagieren. Um in Ruhe die Erkenntnis zu verarbeiten, einmal nicht gewonnen zu haben. Denn das vertragen dominant-aggressive Menschen überhaupt nicht: Einmal nicht gewonnen zu haben! Weil sie es nicht gewohnt sind.

Erfahrungen ...

Der Mensch hat dreierlei Wege, klug zu handeln :

 Teil 4

: Erstens durch Nachdenken,
zweitens durch Nachahmen
und drittens durch Erfahrung, das ist der bitterste.
(Konfuzius, chinesischer Philosoph)

Noch eine kleine Einleitung

Der größere Teil der Patienten, die in meine psychotherapeutische Praxis kommen, leidet unter Konflikten, die sich in einem unterschiedlichen Dominanzgefälle innerhalb einer Beziehung entwickelt haben. Diese Dominanzkonflikte lassen sich in zwei Gruppen unterteilen: Das können entweder Konflikte in der Familie und in Partnerschaften oder im Berufsleben und im Alltag sein. Beiden gemeinsam ist, dass je wichtiger bestimmte Themen sind, je gefühlsnäher einem manche Menschen stehen, umso angreifbarer man in einer daraus entstehenden Druck- und Aggressionssituation wird.

Diese kleine Anleitung soll in erster Linie dazu dienen, sich die dafür nötigen (technischen) Mittel zur Abwehr von Druck und Aggressionen anzueignen. Da in Partnerschaftskonflikten aber noch ein paar weitere, sehr eigenständige Entstehungsbedingungen wirksam sind, habe ich mich zu diesem speziellen Thema nur auf einige wenige Beispiele beschränkt, um den Rahmen einer überwiegend praxisorientierten, zum Selbsttraining entworfenen Anleitung nicht zu sehr auszudehnen.

Dominanzkonflikte gehören zu den häufigsten Ursachen von Konflikten, egal ob in der Partnerschaft, am Arbeitsplatz oder im Verein. Diese beginnen oft im Verborgenen. Sie zu umgehen fällt einem, neben der eigenen Neigung zum Mitkämpfen und zum Mitrivalisieren, deshalb auch nicht immer leicht. Mobbing im Beruf und der typische Streit mit dem „lieben Nachbarn" (oder mit den „lieben" Kollegen) sind zwei bekannte Beispiele dafür. Dabei ist eine der charakteristischsten Eigenschaften dominant-aggressiver Menschen der offene oder versteckte Druck, den diese Menschen häufig auf andere ausüben.

Auf den folgenden Seiten beschreibe ich beispielhaft einige Konflikte so, wie mir diese von meinen Patienten geschildert wurden. Gleichzeitig sind in den meisten dieser Berichte auch Beispiellösungen enthalten, die für die vielfältigen Möglichkeiten stehen, welche die Effektive Abwehr bietet.

„Ich kann dann gar nicht glauben, was passiert"

So beschrieb Frau B. ihre eigene Reaktion auf das für sie plötzlich entstehende, sie entwertende und unverständliche Verhalten ihres Partners.

„Ich fühle mich manchmal wie ein Häftling, jede Woche etwas mehr eingesperrt, und kann es, wenn er wieder eifersüchtig ist, nicht als das begreifen, was es ist: Jede Woche oder jeden Tag ein neuer Egoismus. Ich fühle mich dann meiner ganzen Kreativität und Spontaneität, meiner ganzen Lebendigkeit beraubt. Meine Mutter hat mir vor Kurzem erzählt, es sei ihr früher mit meinem Vater so ähnlich gegangen. Sie habe sich damals manchmal wie ein Insekt gefühlt, das zertreten werden sollte.

Ich brauch erst ziemlich lange, um mich auf eine Beziehung einzulassen, und wenn ich dann schließlich realisiert habe, dass mein Partner mich kränkt, verletzt und sich an mir abreagiert, um seine eigene Unsicherheit nicht ertragen zu müssen, schluck ich noch mal ganz tief herunter aus Angst, ihn zu verlieren. Gleichzeitig denk ich aber für mich: ‚Das ist doch bekloppt. Wie kann der das nur mit mir machen?' Aber mich dagegen wehren, das versuch ich viel zu spät, erst ganz am Schluss."
So wie Frau B. ihre Reaktionen schildert, beschreiben auch andere Frauen und Männer ihre (angstbesetzten) Beziehungserfahrungen und den sehr ähnlichen Umgang mit den Attacken und Übergriffen ihrer dominanten Partner und Partnerinnen. Ihnen allen gemeinsam ist die (aus ihrer Kindheit und Jugend stammende) Erfahrung, dass sie sich nicht ausreichend behaupten und „zur Wehr setzen" konnten.

Andere versuchen es stattdessen mit Gegenangriffen und machen so die Erfahrung, dass sie sich damit zwar etwas Freiraum verschaffen, aber um den Preis ständiger, das Familienleben belastender oder zermürbender Konflikte. Aber Achtung und Respekt vor den eigenen Wünschen und Bedürfnissen, das können sie sich damit auch nicht verschaffen.

Ihre Schwäche gegenüber dominanten Menschen kennzeichnete nicht nur ihre Partnerschaften (von denen sie mehrere nach dem stets gleichen Muster hinter sich hatte), sondern auch ihre Konflikte am Arbeitsplatz mit ihrer Vorgesetzten. Mit ihrem neuen Wissen darüber gelang es ihr schließlich, sich in ihren Beziehungen und im Umgang mit anderen mehr Respekt und Beachtung zu verschaffen. Mit einem rechtzeitigen „Das reicht jetzt" oder einem „Das geht so nicht" gelang es ihr allmählich, „die Bremse zu ziehen". Zwei Jahre nach dem Ende ihrer Therapie schrieb mir Frau B. einen Brief, in dem sie über ihre Erfolge und Fortschritte seit dem Ende der Therapie berichtete. Der Brief endete mit dem Satz: „Das ist mir seitdem nicht wieder passiert!"

„Manchmal bin ich eben zickig – das muss dann sein!"

Die Patientin, die das von sich zu sagen wusste, war mit ihrem mitkämpfenden Verhalten gegenüber bestimmten anderen Menschen gar nicht unzufrieden. Sie versuchte ganz gerne, die Menschen ihrer Umgebung zu erziehen. Das war zwar nicht „von Erfolg gekrönt", aber das schien sie nicht zu merken. Auch sie kam, weil sie unruhiger, reizbarer und unzufriedener geworden war. Sie hatte sich an ihr Leben gewöhnt, obwohl einiges nicht so verlief, wie sie es gewollt hatte.

„Wenn dann so ein Außendienstler in die Firma kommt und einfach nur sagt: ‚Wo ist die Parkkarte?' ohne vorher ‚bitte' zu sagen, dann bin schon genervt! So was kann ich gar nicht haben. Dann werd ich ganz knapp und sag erst mal: ‚Wie heißen Sie denn?' Und dann brauche ich viel länger, um den Namen des Mannes in unserer Liste zu finden."

Das ist ein sehr typisches Beispiel für ein zwar harmloses, aber trotzdem selbstschädigendes Verhalten. Denn zusätzlich zu der Energieverschwendung, die dieses „Erziehen" darstellte, schüttete der Körper der Patientin unnötigerweise noch Stress- und Kampfhormone aus, etwas, was den Körper auf Dauer schwächt. Der kurze Lustgewinn am Mitkämpfen – sie hatte das kurz angebundene Verhalten des Außendienstlers als unhöflich und arrogant eingestuft, also als eine Form von Dominanz und Aggression – forderte in Wirklichkeit, auch wenn es ihr nicht bewusst war, einen längerfristig höheren Preis, als es ihr – wie sie später bemerkte – „lieb war".

„Am schlimmsten war es, dass ich mich so wehrlos fühlte"

Damit beendete eine andere Patientin die Schilderung ihrer Kindheitserfahrungen mit den Aggressionen durch andere Kinder. Später wiederholte sich für sie diese Erfahrung in ihrer Ehe. Sie fühlte sich von ihrem Mann unmotivierter Kritik und Vorwürfen ausgesetzt, ohne sich dagegen zu wehren.

„Ich habe nie gelernt, mich zu wehren. Immer wenn ich als Kind gehänselt wurde, habe ich gedacht, das musst du jetzt aushalten, da musst du jetzt durch. Ich dachte, ich könne da sowieso nichts gegen machen." Als Erwachsene verdrängte und vergaß sie diese Zeit und vergrub diese tief in ihrem Inneren. Nach einer anfangs „sehr schönen Zeit" fand sie sich dann in einer sich allmählich verändernden Beziehung wieder. Plötzlich stand sie dem aggressiv gefärbten, dominanten Verhalten ihres Mannes gegenüber, der sich zunehmend der gemeinsamen Verantwortung in der Familie mit dem Hinweis auf seine Arbeit und seine eigene Erschöpfung entzog. Die Patientin fühlte sich hilf- und wehrlos, „wie gelähmt manchmal". Und ihre vorsichtigen Fragen nach etwas mehr Unterstützung durch ihren Mann wies dieser immer aufbrausender und gereizter ab. „Zuerst hab ich noch versucht, ihn zu besänftigen und es als Betriebsunfall, als nur gelegentlich ausbrechende Aggression zu sehen. Aber es wird immer mehr!" Und dann war es schon fast zu spät. Die Patientin kam mit chronischen, psychosomatischen Beschwerden und hatte bereits einige erfolglose Arztbesuche hinter sich.

Dominante, druckmachende, übergriffige und aggressive Menschen merken es schnell, wenn es kein Risiko für sie bedeutet, sich von ihrer negativeren Seite zu zeigen. Zumal dominante Menschen ihre Partner nicht als Opfer sehen, sondern im Gegenteil, meistens betrachten sie sich selbst als ungerecht oder nicht rücksichtsvoll genug behandelt. Häufig empfinden sie sich als Erstes gekränkt oder als nicht genügend beachtet, wenn ihr Gegenüber versucht, mit Beharrlichkeit und Ausdauer etwas von ihnen an Aufmerksamkeit, Zuwendung oder Unterstützung zu erhalten. „Und da hat man doch das Recht, wütend zu werden. Fehler? Fehler, ich? Warum? Nein, nein. Im Gegenteil, das war doch ganz anders!"

Die moderne Gehirnforschung, die Neuropsychologie, hat herausgefunden, dass der Mensch nicht nur eine Belohnung als eine Motivation ansieht, sondern auch das Ausbleiben einer Strafe oder einer Konsequenz als eine Art Verstärkung, als Belohnung des negativen, aggressiven oder druckmachenden Verhaltens empfindet.

In meine Praxis kam einmal ein Mann, der nach dem Verlust seines Arbeitsplatzes zunehmend Schwierigkeiten hatte, seine Ärger- und Wutimpulse zu kontrollieren. Als ich ihn nach der Beziehung zu seiner Frau fragte, erzählte er mir, dass er Probleme mit seiner Frau habe, sie würden nicht mehr „auf der gleichen Schiene fahren". Er fuhr fort: „… was sie manchmal so macht, bringt mich auf die Palme, sie ist manchmal so linkisch."

Als ich ihn darauf hinwies, dass seine Frau sich vielleicht gerade zunehmend zurückziehen würde, und dass sie ihn am Ende möglicherweise verlassen würde – und mit ihr der Rest der Familie einschließlich des der Frau gehörenden Hauses –, begann der Patient von seiner schweren Kindheit zu erzählen, einer Kindheit, in der er von beiden Elternteilen Schläge bekam und wenig bis keine Zuwendung. Er beendete die Sitzung mit dem Satz, dass er mit seiner Frau jetzt wohl anders umgehen müsse.

Der Patient hatte das bisherige Ausbleiben von Konsequenzen durch seine Frau als stetige Verstärkung seines eigenen dominanten und egoistischen Verhaltens verarbeitet. Als seine Frau dann begann, sich zurückzuziehen, realisierte er zum ersten Mal, dass sich seine Frau zur Wehr setzen und sich von ihm distanzieren, also trennen könnte. Diese Vorstellung, dass sich seine Frau, anders als gewohnt, zur Wehr setzen könnte, war für meinen Patienten, der bis dahin den Anspruch gehabt hatte, sich in seiner Ehe aggressiv-dominant verhalten zu dürfen, extrem ungewohnt und stellte für ihn den Beginn einer „heilsamen Verunsicherung" dar.

Trotzdem weiß die Motivationsforschung inzwischen, dass man zwar mit der Androhung von Strafen und Konsequenzen ein nicht hinnehmbares Verhalten verhindern kann, dass damit aber nicht ein auf Dauer gewünschtes Verhalten „hervorgerufen" werden kann [09].

Erst im Alter von 40 Jahren lernte auch die eingangs erwähnte Patientin, dass es noch etwas anderes gibt, als zu erdulden und zu ertragen. Als erwachsene Frau begann sie damit, „Nein" zu sagen und sich so besser zu behaupten. Die nicht wenigen Übergriffe ihrer Umgebung abzuwehren, ohne sich davon beeindrucken zu lassen, welche Folgen ihr „Nein" haben könnte.

Die Patientin hatte verstanden, dass sie es selbst in der Hand hatte, sich gegenüber ihrem Mann besser zu behaupten. Sie entschied sich, für Veränderungen in ihrer Ehe einzutreten und sich gegen die Dominanz ihres Ehemannes zur Wehr zu setzen (ihr Mann „entpuppte" sich dann hinter seiner dominanten Fassade als viel unsicherer und ängstlicher, als er es nach außen hin sichtbar werden ließ).

Die effektivere Abwehr von Mobbing

Mobbing existierte schon immer. In allen Zeiten und vermutlich in allen Ländern dieser Welt. Mobbing war und ist das Spielfeld für aggressives Ausleben von Dominanz und dem nüchternen Kalkül zugunsten des eigenen Vorteils gegenüber anderen. Und auch Mobbing beginnt häufig im Verborgenen.

Auch Mobber, also die, von denen das Mobbing ausgeht, sind sich instinktiv sicher, bei wem sie Erfolg haben werden. Zur Sicherheit machen sie unbemerkt einen kleinen Test. Ist dieser erfolgreich, geht es richtig los: In einer ersten Phase wird hinter dem Rücken eines anderen entwertend über diesen gesprochen. Geht das Mobbing von einem „Einzelkämpfer" aus, so geschieht das z. B. häufig über das Vorenthalten von Informationen oder Material.

In der zweiten Phase spitzt sich das Mobbing zu: Sachen werden versteckt, entwendet oder zerstört. Entwertende Äußerungen werden direkt „an den Mann gebracht". Entweder als Scheinfragen wie z. B. „Begreifst du das wirklich nicht?" („Bist du bescheuert!") oder direkt in Form von Beleidigungen und Kränkungen. In dieser Phase versucht das Mobbingopfer noch, sich dagegen zu verteidigen. Mit einer der drei bekannten Abwehrformen. Also entweder mit einem hilflosen Gegenangriff, einem genauso hilflosen Rückzug oder dem Totalausfall des Wegbleibens vom Arbeitsplatz durch Krankschreibung oder (seltener) durch eine Kündigung.

Führt die zweite Phase noch nicht zum sichtbaren Ergebnis, folgt sofort die dritte Phase: Die Aggressionen werden rücksichtsloser und so auf die Spitze getrieben, bis der andere endgültig krank ist oder aufgibt.

Mobbing ist schon für viele im Arbeitsleben zu einer „ganz normalen Form der Aggression" geworden. Einer Form, die anfangs eher über indirekte Mittel ausgeübt wird und weniger über das direkte, laut schreiende Ausüben von Gewalt.

Und auch sonst verläuft Mobbing nach genau den gleichen Mustern wie jede andere Form von Druck und psychischer Gewalt. Deshalb gelten hier die gleichen Regeln der Effektiven Abwehr, auch wenn diese um einige Erkenntnisse zum Gruppenverständnis ergänzt werden sollten.Dominant-aggressive Mobber mit einem Hang zur klammheimlichen oder offenen Freude an der von ihnen ausgehenden Quälerei eines anderen genießen es z. B., wenn sich der andere aufregt oder flieht. Hier ist es wichtig, diesem die Freude am Vergnügen nicht zu geben. Sich nicht hineinziehen zu lassen in das (böse) Spiel. Das bedeutet allerdings nicht, sich nicht angemessen zu wehren, sondern lediglich, Ihren Ärger über so ein Verhalten zu kontrollieren! Und damit ausreichenden Abstand einzuhalten.

Ein oft gehörter Spruch der Kindheit lautete: „Tu so, als wenn es dich gar nicht stört!"

Der Teil der dominant-aggressiven Mobber, die ihre eigene Unsicherheit nicht ertragen können, für die fast jeder andere unbewusst ein potenzieller Konkurrent oder eine Bedrohung ist, benutzen grundsätzlich jede vernünftige Aussprache und jeden Klärungsversuch der aktuellen Mobbingsituation als Mittel, den „Spieß umzudrehen" und die Schuld dem Gemobbten zuzuweisen.

Und dann gibt es noch eine dritte Gruppe, die der kühl kalkulierenden Mobber. Für die das Mobbing nur Mittel zum Zweck ist („Der Zweck heiligt die Mittel"), um z. B. in der Firma vorwärtszukommen oder einen unliebsamen Konkurrenten auszuschalten. Die ihren Arbeitsplatz sichern wollen, wenn Gefahr drohen könnte. Deren Gemeinheiten zählen zu den subtilsten und verstecktesten Formen des Mobbings.

Die Effektive Abwehr wendet auch hier wieder das Drei-Stufen-Prinzip des IWA-Konzeptes an:

1 : Identifizieren.
2 : Was kann (schlimmstenfalls) passieren?
3 : Abstand herstellen!

Auch bei Mobbing ist das rechtzeitige Identifizieren von Aggressionen das Wichtigste: „Schiebt man der Gewalt rechtzeitig einen Riegel vor", so wird sie in den allermeisten Fällen nicht ausufern. Wenden Sie dazu zunächst einen Das-Satz an wie z. B. „Das passt jetzt nicht …" oder ein einfacheres „Ah ja" oder ein „Aha".

Danach wiederholen Sie Ihren Abwehrsatz ein- bis zweimal und wenden sich abschließend ab. Versuchen Sie besonders im Kollegenkreis, so gut es geht, auf das Mitkämpfen zu verzichten. Mit einer einzigen Ausnahme: Werden Sie massiv gestört oder wird Ihnen etwas weggenommen bzw. zerstört, so gehen Sie sofort zu Ihrem Vorgesetzten oder machen Sie eine schriftliche Eingabe. Und wenn es sein müsste, sollten Sie das auch immer wieder neu machen, immer nach dem gleichen, neutralen Vorgehen der Effektiven Abwehr, bis es Ihrem Vorgesetzten oder den Mobbern zu anstrengend und zu lästig wird.

Aber denken Sie daran, das Ärgernis sachlich und in einem angemessenen Rahmen vorzutragen.

Sollte ein klärendes Gespräch geführt werden müssen, so bereiten Sie sich gut darauf vor. Überlegen Sie sich einen geordneten Ablauf für das Gespräch, „legen" Sie sich die Schilderungen der Vorgänge genau „zurecht" und stellen Sie sich mit Ihren Standardsätzen auf die gegen Sie gerichteten unwahren Vorwürfe des Mobbers ein. Allerdings sind auch sogenannte „Platzhirsche" erfahren im Abwehren unliebsamer Konkurrenten. Dann wird schnell das Thema gewechselt und es werden ganz andere, neue Vorwürfe in den Raum gestellt, sozusagen „Ablenkungsangriffe". Manchmal reicht es auch schon, dass Sie ein solches klärendes Gespräch geführt haben und dem anderen wissen lassen, dass Sie jederzeit dazu bereit sind, ein solches zu wiederholen. Das ist oft schon (Drohung und) Grenze genug.

Ein Bekannter berichtete mir einmal davon, dass er sich in den kommunalen Vorstand einer Partei hatte hineinwählen lassen, um dort mit neuem Schwung und mit Reformideen mitzumachen. Aber über Neues sei dort gar nicht diskutiert worden. Denn da hätten vier Personen wie eine Art „Viererbande" das „Sagen gehabt" und sehr schnell gemeinsam gegen ihn Stellung bezogen. Manchmal hätten sie sogar versucht, ihn für Dinge verantwortlich zu machen, die sein Vorgänger zu vertreten gehabt hätte. Das seien lauter „Ablenkungsmanöver" gewesen, um ihn davon abzuhalten, Veränderungen voranzutreiben, aus Angst davor, er könne einen bestimmenderen Einfluss bekommen.

Dieser Bekannte war in die typische „Falle" einer Rivalität mit den „Anführern" der Gruppe hineingeraten – eines der klassischen Rivalitätsmotive!

Achten Sie also auch in solchen Situationen darauf, nicht mitzukämpfen und sich nicht mit hineinziehen zu lassen in ein von vornherein aussichtsloses „Gefecht" von Vorwürfen und Gegenvorwürfen. Beschränken Sie sich auf das Wiederholen ihrer abwehrenden Das-Sätze. Oder legen Sie eine Pause ein, mit der Bitte, sich erst sachkundig machen zu dürfen.

Hier gilt das Prinzip der „entwaffnenden Sachlichkeit", das ebenfalls sehr gut geeignet ist für eine Effektive Abwehr!

Damit bleiben Sie der Sachliche. „Heizt" sich Ihr Gegenüber dann auf, so können Sie das sowieso nicht verhindern, es braucht Sie aber auch nicht mehr zu beunruhigen. Ihre Effektive Abwehr hilft Ihnen dabei, „cool" und sachlich zu bleiben.

Ein anderer Patient erzählte mir einmal, dass er damit begonnen habe, sich jedes Mal vor dem Zusammentreffen mit seinen „lieben Kollegen" selbst zu ermahnen mit den Worten: „Ich lasse mich auf keinen Kampf ein!"

Achten Sie also besonders darauf, dass Sie nicht Ihre Ordnung, Ihre Gesprächs- und Abwehrdisziplin aufgeben, dass Sie nicht hektisch werden und aufgeregt nach vorne stürmen.

Manchmal muss man eben auch dickere Bretter bohren – das dauert dann halt etwas länger!"

Die sechste Übung:

Es soll ein „klärendes Gespräch" geführt werden, eine Kollegin (Frau D.), die sich schon seit Längerem über Ihr angeblich unfreundliches Verhalten aufregt, hat sich über Sie bei Ihrem Vorgesetzten (Herr S.) beschwert, worauf dieser Sie zu einem Gespräch zu dritt gebeten hat. Eine solche Übungsszene könnte z. B. so aussehen:

Herr S.
Frau … (damit sind Sie gemeint), Ihre Kollegin Frau D. meint, dass Sie und Ihre Kollegen sie in der Abteilung ausschließen würden. :

Sie
: Wie bitte? Was ist los?

Frau D. „schaltet" sich hier schon ein
Die anderen (in der Abteilung) schließen mich immer aus, und Frau … stiftet die anderen dazu immer an! :

: Das ist nicht wahr, das stimmt überhaupt nicht!

Frau D.
Doch! Jedes Mal! :

Herr S.
Stimmt das, Frau …? :

: Nein, Herr S., das stimmt nicht!

Frau D.
Das ist doch gelogen, Sie reden doch dauernd gegen mich! :

: Das ist nicht wahr!

Frau D.
Ja natürlich, sonst wären wir doch gar nicht hier! :

: Okay …

Und zu Ihrem Vorgesetzten gewandt könnten Sie jetzt sagen:

: Das bringt jetzt nichts mehr! Vielleicht könnten wir das Gespräch hier beenden …

Das war es schon.

: „Cool" bleiben!

Durch Ihre „Zurückhaltung", durch den Verzicht des Mitkämpfens, behalten Sie die Kontrolle über sich. Alles Weitere würde sonst ja zum Pingpongspiel ausufern. Es würde Ihnen nicht mehr weiterhelfen. Also sparen Sie sich Ihre Worte und schonen Sie Ihre Kräfte. Vermutlich würde der Chef beiden noch ein paar mahnende Worte „mit auf den Weg geben" und dann wäre die Situation vorbei.

Auch solche Situationen eignen sich gut für das Üben vor dem Schrank: Damit üben Sie ebenfalls, nicht jedem einzelnen, möglichen Vorwurf oder jeder einzelnen Lüge Ihres aggressiven Gegenübers einen speziell darauf zugeschnittenen Satz entgegnen zu müssen, sondern stattdessen einen Ihrer kurzen Standardsätze anzuwenden, die von Ihnen generalisierend eingesetzt werden können. Das reicht meistens schon!

Sie trainieren damit so etwas wie eine Taktik und das Einhalten geordneter Regeln in einem Gespräch, in dem Sie höchstwahrscheinlich unter Druck geraten werden. Behalten Sie Ihre taktische Aufstellung, also Ihre flexibel abwartende Haltung bei und lassen Sie sich auch nicht in die nächste Drucksituation mit hineinziehen. Versuchen Sie es beharrlich! Nur Übung bringt Erfolg! Und da sich Mobbing gerne wiederholt, stehen auch solche sich wiederholende Situationen unter dem Motto: „Steter Tropfen höhlt den Stein!" Irgendwann geben viele Mobber auf und suchen sich ein anderes „Opfer".

Erfolglosigkeit verliert eben seinen Reiz! Oder wie es der Volksmund weiß: „Das Glück winkt dem Tüchtigen!"

Der Aufstand gegen Herrn Neu

Der Patient, von dem jetzt die Rede ist, hatte bereits sein zweites berufliches Mobbingerlebnis hinter sich. Schon nach dem ersten Mal war er krankgeschrieben worden, hatte gekündigt und – da er für sich keine andere Lösung sah – beschlossen, mit seiner Familie in eine andere Stadt zu ziehen.

Der Volksmund sagt dazu: „Man nimmt seine Probleme immer mit."

Und genau so kam es auch: Er hatte zwar wieder eine neue Arbeitsstelle gefunden mit dem Auftrag, „für etwas frischen Wind zu sorgen", aber sein Mobbingkonflikt wiederholte sich an seinem neuen Arbeitsplatz innerhalb weniger Wochen. „Nach wenigen Wochen war das wie ein Film in meinem Kopf! Alles schien sich zu wiederholen! Alles, was ich an Verbesserungen und praktischen Tipps vorschlug, wurde abgeblockt."

Auf meine Frage, wie sich das Mobbing denn gezeigt hatte, antwortete der Patient: „Dadurch, dass man mich die ganze Arbeit machen ließ, dass Termine so gelegt wurden, dass ich noch spätnachmittags damit zu tun hatte, und dass man mich unsere Fahrer zu ihrer letzten Tour weiter weg schicken ließ, auch wenn die ganz entgegengesetzt von deren Wohnort lag, was ich aber als Neuling noch nicht wissen konnte.

Als ich dann wieder einmal einen Fahrer mit einer späten Fahrt beauftragen musste, lehnte der glatt ab und drohte mir sogar Schläge an. Mein Kollege kannte den, der hätte dem die Tour niemals aufgedrückt. Ich hab dann versucht, mit dem Fahrer zu diskutieren, und bin total aufgelaufen. Mein Chef hat dazu später nur gesagt, die würden mich wohl austesten wollen."

Die Situation mit dem aggressiv gewordenen Fahrer hatte sich ungefähr so abgespielt:

Patient
: Du musst noch eine Ladung fahren nach da und da …

Fahrer
Spinnst du, das wird doch viel zu spät für mich! :

: Ich hab keinen anderen, du bist der Einzige, der noch da ist

Du hast doch einen an der Klatsche! Such dir einen anderen für den Sch…! :

: Du musst aber! Du bist der Letzte, den ich noch erreiche …

Nein! :

: Gut, dann muss ich das dem Chef sagen.

Ich polier dir die Fre…, wenn ich dich sehe! :

Das war für den Patienten der Tropfen, der sein „Fass wieder zum Überlaufen" brachte, der Patient legte zermürbt den Telefonhörer auf und ließ sich erneut krankschreiben. In den Augen des betroffenen Fahrers hatte der Patient den Druck gemacht und für den Patienten umgekehrt der unwillige Fahrer. Beide fühlten sich im Recht.

Anschließend probten wir im Rollenspiel noch einmal diese Situation, diesmal jedoch nach den Regeln der Effektiven Abwehr:

          Patient: Hallo Harry, da ist noch eine Fahrt nach da und da offen, kannst du das machen?

Fahrer: Spinnst du? Das wird doch viel zu spät für mich!

: Stimmt leider, aber sonst ist keiner mehr da.

: Ich auch nicht, such dir einen anderen!

: Das geht nicht, Harry, das muss sein, ich versprech dir, beim nächsten Mal bleibst du dafür außen vor!

Die meisten würden jetzt nachgeben, auch wegen des Versprechens für die Zukunft, würde sich der Fahrer aber trotzdem weigern, könnte es z. B. so weitergehen:

          Patient: Okay, Harry, dann muss das der Chef entscheiden …

Fahrer: Ich polier dir die Fre… wenn ich dich seh!

: Ach hör auf, Harry! Ja oder nein?

: Nein! Kapiert?

: Okay, Harry, mach's gut …

Am nächsten Tag hätte dann der Patient seinen Chef informieren und diesen um Rat fragen können.

Auch hier entspricht ein solches lösungsorientiertes Vorgehen, also den Chef um Rat zu fragen, statt sich einfach zu beschweren, dem Verzicht auf das Mitkämpfen, also einem Verzicht auf gegenaggressives Verhalten, entsprechend den Vorgaben der Effektiven Abwehr.

> Später berichtete der gleiche Patient, wie das Mobbing in seiner ersten Firma entstanden war. Es sei jemand für eine Neukoordinierung von bisher drei Arbeitsplätzen gesucht worden. Er habe sich damals auf seine neue Tätigkeit sehr gefreut. Doch die Kollegen hätten gar nicht daran gedacht, ihn die zugedachten Kompetenzen ausüben zu lassen.

Stattdessen hätten sie von ihm gelegte Termine verändert und versucht, auch die Fahrer gegen ihn aufzuhetzen. Dabei hätten sie ihre frühere Arbeit, die er hätte übernehmen sollen, fast wie gewohnt weitergemacht. Und statt ihm zu helfen, hätte sein direkter Vorgesetzter das mit „Umstellungsschwierigkeiten" verharmlost.

Als er daraufhin zum Betriebsleiter gegangen sei, um sich über die mangelnde Unterstützung seines Vorgesetzten zu beklagen, sei dieser danach in sein Zimmer gekommen mit den Worten: „Na, hast du jetzt genug Vaseline in den Hintern geschmiert, oder soll ich dir noch einen Eimer bringen?" Danach sei sein Vorgesetzter jeden Tag mit den Worten in sein Zimmer gekommen: „Hier, ich hab's dir angekreuzt, dass ich dich heute unterstützt habe?" Der letzte Auslöser sei schließlich gewesen, dass er einen Termin in die allgemeine Planungsliste hineingeschrieben habe, diesen aber noch nicht freigegeben hatte. Da hätte ihn einer der drei Kollegen angerufen und ihn extrem aggressiv „angeherrscht", er soll endlich den Auftrag freigeben. „Als ich ihm das erklären wollte, hat er gar nicht mehr zugehört und nur geschrien, was für ein Fischkopf ich doch sei (der Patient arbeitete im Süden und kam aus dem Norden), ich hätte sowieso keine Ahnung und das Beste wäre, ich würde mich am nächsten Ast aufhängen …"

Daraufhin habe er seinen Vorgesetzten angerufen und ihm erzählt, was vorgefallen sei, und dass er mit ihm sprechen müsse. Dieser habe ihm jedoch, anstatt ihn zu unterstützen, mit den Worten „Was Sie schon wieder haben!" abgewiesen. „Danach hatte ich so eine Art Filmriss, ein anderer Kollege hat mich dann zum Arzt gefahren und der hat mich sofort aus dem Verkehr gezogen."

Die Kompetenzverschiebung in der Firma hätte ohne massiven Druck seiner Vorgesetzten wahrscheinlich niemals durchgesetzt werden können (und wurde nach der Kündigung des Patienten auch wieder rückgängig gemacht). Dabei entsprach die Kündigung des Patienten dem Verzicht auf das weitere Mitkämpfen, das Wegziehen in eine andere Stadt stand hingegen für Fluchtverhalten als angstbesetzter Abwehrmechanismus. Im Nachhinein begriff der Patient, dass er die Veränderungen ohne die Zustimmung seiner neuen Kollegen oder ohne die strikt angeordnete Unterstützung seiner Chefs nicht hätte durchsetzen können.

Ein „Stundenplan" für Lehrer!

Auch Lehrer „können ein Lied davon singen" wie anstrengend und kräfteraubend die vielen kleineren und größeren Machtkämpfe sein können. Wie diese allmählich den Betroffenen die Motivation für ihre Arbeit „rauben" können. An Haupt-, Berufs- und Förderschulen sind es besonders die älteren Schüler, die sich gegenseitig chaotisch, ungeordnet und rivalisierend stören und die aggressiv miteinander umgehen. Und auch der Umgang mit deren Lehrern ist geprägt von Machtkämpfen aller Art.

Einer junger Lehrerin, die neu an einer solchen Schule anfing, wurde von den älteren Kollegen sofort empfohlen, von den Schülern „… bloß nicht so viel zu verlangen" und schnell Erfolgserlebnisse zu vermitteln, damit diese nicht ihren Frust an ihr abreagieren würden. Aber auch an den anderen Schulen ist es in jeder Klasse so gut wie sicher, dass der eine oder andere massivere Machtkampf ausgetragen wird. Haben es die Schüler zu Hause noch einigermaßen gelernt, Grenzen zu ertragen, dann haben diese zwar auch des Öfteren ihre Machtkämpfe, aber sie ufern nicht allzu sehr aus. Anders ist es jedoch bei den Schülern, die es zu Hause weder gelernt haben, Grenzen zu akzeptieren noch selbst anderen bestimmte Grenzen angemessen zu setzen. Solche Schüler lassen so manchen Lehrer krank werden, reif für den vorgezogenen Ruhestand. Diese Lehrer reagieren schnell gereizt, sie werden unruhiger und hektischer und verhalten sich aggressiver als erforderlich oder angemessen.

Ein Patient von mir, der selbst Lehrer war, erzählte mir einmal mit unterschwelliger Bewunderung folgendes Geschehen, das er beobachtet hatte, als der stellvertretende Schulleiter seiner Schule einen 18-jährigen Schüler beim Rauchen erwischt hatte. „Der stellte sich mit dem Kopf ganz dicht vor den Schüler hin und schrie ihn an, er dürfe da nicht rauchen. Und der Schüler blieb einfach stehen und sagte ganz cool: ‚Herr XY, ich bitte Sie, mich mit genauso viel Respekt zu behandeln, wie Sie es von mir erwarten!' Da war der Schulleiter völlig perplex und ging wortlos weg …"

Zwar hatte dieser Schulleiter mit der Aggression begonnen, aber es spricht viel dafür, dass er unter den Schülern für seine Wutausbrüche bekannt und damit für diese ziemlich berechenbar geworden war. Deshalb könnte das Rauchen auch eine gezielte Provokation des Lehrers gewesen sein, auf die dieser dann wie erwartet in seiner bekannt cholerischen Art reagierte. Die geplante Reaktion des Schülers war also vermutlich keine echte, wirksame Abwehr, sondern ein versteckter, vorbereiteter Angriff und der Lehrer das – wenn auch selbst verantwortliche – Opfer. Und natürlich konnte der Lehrer unter dem provozierten und dann von ihm selbst aufgebauten Druck nicht mehr „klar denken". Ohne diesen doppelten, den selbst aufgebauten und den von außen kommenden, versteckten Druck durch die Provokation des Schülers wäre es ihm vielleicht sogar möglich gewesen, diesem Schüler ein „Dann rauchen Sie hier gefälligst nicht!" zu entgegnen. Aus der Position der Effektiven Abwehr heraus hätte sich der Schulleiter allerdings nicht so nah an den Schüler heranwagen sollen.

Die sichere Position würde in einem ausreichenden Abstand zum Schüler bestehen, um dann mit einem Grenzen setzenden „Herr Z., das Rauchen ist hier verboten!" die aggressive Provokation des Schülers, dort zu rauchen, zu unterbinden. Würde der Schüler jetzt versuchen zu widersprechen, so hätte der Lehrer die Möglichkeit, Sanktionen anzukündigen bzw. auszusprechen. Alles jedoch aus einer Abstand wahrenden Position und nicht aus einer hastig nach vorne drängenden Körperhaltung heraus.

Nicht selten haben Menschen, die sich im Beruf häufig in Konflikte und Machtkämpfe einlassen, diese Machtkämpfe auch zu Hause in ähnlicher Form. Man könnte sagen, es geht solchen Menschen so wie vielen Schülern. Diese nehmen ihre Schwierigkeiten in der Konfliktbewältigung von zu Hause mit in die Schule hinein und auch ein selbst in Dominanzkonflikte verstrickter Lehrer nimmt diese von zu Hause mit in die Schule. Übersetzt würde das für so einen Lehrer heißen:

Schaffe ich es zu Hause nicht, mich angemessen abzugrenzen und mich damit zu behaupten, so schaffe ich es auch nicht gegenüber meinen Schülern. Und gerate ich zu Hause in endlose Auseinandersetzungen mit meinem dortigen Quälgeist, ‚finde' ich mit Sicherheit auch den einen oder anderen Quälgeist in meiner Klasse."

Außerdem kann man auch hier davon ausgehen, dass die rivalisierenden Schüler es geradezu „riechen", mit welchem Lehrer sie sich „anlegen" können.

Die ideale Grundhaltung eines Lehrers in der Erwartung eines möglichen Konfliktes sollte also in einer etwas abwartenden und gleichzeitig flexiblen Haltung bestehen. Mit einem Gespür für die Stimmung einer Klasse und den sich daraus ergebenden, jeweils aktuellen Umgangsmöglichkeiten in der Unterrichtsstunde. Ist eine Klasse unruhig, empfiehlt sich eine sich mehr zurücknehmende, Abstand wahrende Haltung, mit der man auf Vertraulichkeiten wie z. B. Scherzen verzichtet. Diese sollten eher so etwas wie eine Belohnung sein für gute Mitarbeit. Somit ist es zwar verständlich, wenn man als Lehrer gerne etwas lockerer an eine Unterrichtsstunde herangeht, aber es kann eben auch ziemlich danebengehen. Darüber hinaus sollten Lehrer auch über einen festen Plan von Sanktionsmaßnahmen verfügen, der für sie selbst und für ihre Schüler eindeutig definiert, welches störende und aggressive Verhalten welche Konsequenzen zur Folge hat. Am Ende eines solchen „Stundenplans" zur Abwehr von Störungen in der Klasse empfiehlt es sich aus einer konfliktreduzierenden Sicht heraus, wie es heutzutage ja schon modellhaft geschieht, für jede Schule bis zur zehnten Klasse einen sogenannten „Trainingsraum" einzurichten, in den grob störende Schüler für ein bis zwei Unterrichtsstunden unter ständiger Aufsicht eines Lehrers verwiesen werden.

Aber noch wichtiger wie eindeutig definierte Sanktionen ist der Verzicht auf das Mitkämpfen. Dazu ein kleines Beispiel der harmloseren Art: Ein Schüler erzählte mir privat eine kleine Episode aus seiner Klasse, die sich zwischen einem Freund, der einen Unterschenkelgips hatte und an zwei Gehstützen lief, und dessen Lehrerin, eine erst neu eingestellte junge Frau, abgespielt hatte: Die Lehrerin habe im Klassenzimmer eine solche Sitzposition eingenommen gehabt, dass sie dem Freund, der den kürzesten Weg nehmen wollte, mit ihren quer gelegten Beinen den Durchgang versperrte. Der Schüler, der ganz gern seine kleinen Machtkämpfe mit einzelnen Lehrern austrug, blieb vor der Lehrerin stehen und sprach diese so an:

Schüler
Kann ich mal durchgehen?

Antwort der Lehrerin
Wie heißt das Zauberwort?

Schüler
Ich möchte hier gerne durch, dazu müssten Sie aber Ihre Beine zur Seite nehmen.

Lehrerin
Wie heißt denn das kleine Wörtchen?

Schüler
Ich komm sonst nicht durch!

Lehrerin
Spring doch!

Für den Schüler hat diese Lehrerin zwar den Machtkampf gewonnen, aber dafür hat er gelernt, dass es sich lohnt, sitzen zu bleiben, wenn man sich in der überlegeneren Position (die der Lehrerin) befindet. Dieses Beispiel stellt noch die etwas humorigere Variante eines Machtkampfes zwischen Lehrer und Schüler dar. Die abwertenden und niedermachenderen Varianten von beiden Seiten füllen täglich die Unterrichtsstunden und die Klassenbücher in den Schulen. In den meisten Fällen handelt es sich um recht typische Störungen wie dazwischenreden, Papierkügelchen werfen und freche Antworten geben.

Auch hier greift wieder das IWA-Konzept:

1. Identifizieren!
   Ist die Störung offen oder unterschwellig aggressiv, lockerer oder massiv? Wie stark muss ich mich auf die zu erwartende Situation konzentrieren?
2. Was kann passieren? Wie kann sich die Situation entwickeln? Werden gegebenenfalls weitere Sanktionsstufen folgen?
3. Abstand herstellen!

Nach diesem Konzept lassen sich im Unterricht, rechtzeitig schon in den unteren Klassen der weiterführenden Schulen eingeübt, aus einer abwartenden und flexiblen Haltung heraus die meisten Konflikte und Machtkämpfe auf Dauer erfolgreich lösen.

Die siebte Übung:

Auch für diese Übung eignet sich Ihr Schrank wieder hervorragend als Übungspartner! Stellen Sie sich eine Szene vor mit einem typischen Schüler oder Auszubildenden, hier z. B. Jens genannt, der den Unterricht stört:

Lehrer
: Das geht so nicht, Jens! Das stört den Unterricht.

Jens
Ich hab doch gar nichts gemacht! :

Lehrer
: Das reicht schon, Jens! Ende!

Jens (lauter werdend)
Aber ich hab doch überhaupt nichts gemacht! :

Lehrer
: Das reicht, Jens! Ende!

Jens
Das war der Martin …! :

Lehrer
: Schluss damit, Jens! Das gibt sonst einen Eintrag ins Klassenbuch wegen Störens!

: der Umgang mit „Störenfrieden"

Ab hier teilt sich das mögliche Vorgehen zum Beenden des Konfliktes: Entweder der Schüler akzeptiert und hört damit auf zu widersprechen, dann machen Sie kommentarlos und ganz normal weiter. Ansonsten erfolgt der angekündigte Eintrag ins Klassenbuch und Sie fahren ebenfalls mit dem Unterricht wie bisher fort. Dauert die Störung weiterhin an, wird sofort die nächste Sanktionsstufe ausgesprochen.

Das üben Sie möglichst unter Einsetzen Ihrer angemessenen, etwas auf Abstand bedachten Körperhaltung und eines festen, bestimmenden Tonfalls.

Die Richtung verändern – konstruktive Lösungen im Berufsalltag

Frau K., die als Hundetrainerin arbeitete, berichtete, dass sie jedes Mal unter Druck geraten würde, wenn sie einen neuen Kurs für Hundebesitzer abhalten würde.

„Wir erziehen unsere Tiere ohne Schläge und sonstige Gewalt. Wir versuchen dafür ihre Aufmerksamkeit auf uns zu ziehen und erschrecken diese auch einmal, um unerzogenes Verhalten zu unterbrechen und damit deren Aufmerksamkeit auf uns zu richten. Aber es gibt immer wieder Hundebesitzer, die haben schon ganz feste Vorstellungen davon, wie ihr Hund zu erziehen ist." Wenn dann so jemand seinen Hund schlagen würde, dann rege sie sich viel zu sehr darüber auf, z. B. so: „Was machen Sie denn da, Ihr Hund kann doch nichts dafür, das muss er doch erst noch lernen!" Solche Tierhalter würden dann oft abweisend und aggressiv ihr gegenüber reagieren, sodass sie erröten und ganz gehemmt werden würde. „Ich versuch dann noch zu erklären, wie wir es hier machen, aber das hilft dann meistens nicht mehr, so jemand kommt am nächsten Tag nicht wieder."

Wir untersuchten daraufhin die Ausgangssituation und stellten fest, dass sich die Patientin über ihr Mitleid mit dem geschlagenen Tier mit dem Tier identifizierte und sich in das Geschehen hineinziehen ließ. Es war so, als stellte für sie das Schlagen des Hundes eine gegen sie selbst gerichtete Aggression dar. Ihr eigenes Verhalten entsprach dann einer Gegenaggression, die sie jedoch als Scheinfrage verkleidete. Für den Hundebesitzer war das eine klare Zurückweisung, eine Aggression, auf die dieser seinerseits gegenaggressiv reagierte und damit meine Patientin weiter unter Druck setzte. Vom Unterbewussten eines solchen Hundebesitzers würde so eine Scheinfrage sofort als Aggression erkannt, so als hätte die Patientin gesagt: „Hören Sie gefälligst auf damit, Sie verhalten sich ja völlig falsch!"

Allerdings sind Menschen, die bereits mit festen eigenen Vorstellungen einen Kurs oder ein sonstiges Training besuchen, von ihrer Persönlichkeitsstruktur her häufig ziemlich dominant, sodass sie recht schnell zu aggressivem Verhalten neigen. In der Therapie übten wir deshalb eine mögliche Neuausrichtung des Umgangs mit „schwierigen" Kursteilnehmern, die es diesen erleichtern sollten, angemessen geäußerte Kritik lösungsorientiert anzunehmen.

Die Patientin trainierte danach im Rollenspiel folgende standardmäßig anzuwendende Sätze:

: Das wäre jetzt auch eine gute Möglichkeit, um Ihren Hund mittels einer Aufmerksamkeitsveränderung im Verhalten zu beeinflussen.
Oder
: Dafür ist das Erschrecken des Hundes auch sehr gut geeignet!

Das Lösen von Konflikten mit „ausgesuchter" Höflichkeit

Gerade im beruflichen Umgang mit Kunden ist es wichtig, mit schwierigen, meistens dominant und häufig auch (unterschwellig) aggressiv auftretenden Menschen zurechtzukommen. Oft gibt es in berufsbezogenen Zusammenhängen Situationen, die immer wieder entstehen und den betroffenen Mitarbeitern so ihre Arbeit sehr erschweren. Auch dafür bieten sich die standardmäßig eingesetzten Das-Sätze zur Abstandswahrung und Druckabwehr sehr gut an.

Reagieren Kunden dann weiterhin aggressiv, so beschränken Sie sich entsprechend den Grundprinzipien der Effektiven Abwehr auf das ein- bis zweimalige Wiederholen Ihres ersten Satzes bzw. auf das Wiederholen Ihrer Ausgangsargumentation. Danach empfiehlt es sich, z. B. sofort eine neue Übung für alle Kursteilnehmer anzubieten bzw., wenn es sich um ein Verkaufsgespräch handeln sollte, ein alternatives Produkt zu empfehlen, um damit ein Herausgehen aus der aggressiv besetzten Situation zu erreichen.

Das Beachten der Wiederholungsregel ist für Druck- und Aggressionssituationen, die nicht mit einem standardmäßigen Das-Satz abgewehrt werden können, besonders wichtig. Das gilt auch unabhängig davon, was Sie als Erstes geantwortet haben. Damit verbunden sind der Verzicht auf das Mitkämpfen sowie das Einhalten der Neutralitätsregel, also es zu vermeiden, ein „Ich" oder „Sie" zu benutzen.

Der Umgang mit Kunden, die für etwas bezahlen, ähnelt im System der Effektiven Abwehr dem Umgang mit einem Vorgesetzten. Auch Kunden reagieren sehr empfindlich oder gekränkt, wenn sie sich zurückgewiesen fühlen. Sie verlassen dann das Geschäft oder den Kurs und reden anschließend schlecht über Sie und Ihren Kurs.

Empfindlichere Kunden eignen sich erfahrungsgemäß das Sprichwort „Der Kunde ist der König" zu sehr an.

Es ist daher oft nicht sinnvoll, mit mehr als einem „Aha" oder einem „Hm" zu reagieren, da (aggressive) Menschen ja nicht in der Lage sind, auf Argumente einzugehen, solange sie unter erhöhter Anspannung stehen. Im Gegenteil erhöhen Erklärungsversuche eher noch den Ärger der Kunden oder sonstiger Klienten und Geschäftspartner, da das aggressive Verhalten eines aggressiv aufgeladenen Menschen für diesen in der Regel ja selbst auch eine erhöhte Anspannung darstellt.

Das erfordert dann ein etwas höheres Maß an sachlicher Diplomatie sowie Kenntnisse im lösungsorientierten Umgang mit Aggressionen.

Das wird vom Volksmund auch als „entwaffnende Höflichkeit" bezeichnet.

Die achte Übung:

Auch in dieser Übung suchen Sie sich am besten eine Drucksituation mit einem für Sie aktuellen Bezug wie z. B. eine erst kürzlich zurückliegende kritische Situation.

Hier wenden Sie jetzt zur Vertiefung die im Folgenden aufgeführten Sätze der „ausgesuchten Höflichkeit" an. Stellen Sie sich dazu wieder vor Ihren Ersatzübungspartner, den Schrank, wiederholen Sie die ersten fünf Standard-Das-Sätze und verbinden Sie diese zusätzlich noch mit einem Höflichkeitswort.

: „Gute Miene" zum (Rollen-)Spiel machen

Also z. B.
: Das geht leider nicht!
: Das geht leider wirklich nicht!
Oder
: Das passt (jetzt) leider wirklich nicht, ehrlich!

Mehr ist nicht erforderlich. Alles andere folgt dann wieder den schon trainierten Abläufen der Effektiven Abwehr.

„Wenn du gehst, dann mach ich Schluss mit dir!"

Dominant-aggressive Menschen neigen sehr dazu, ihren Partnern vorschreiben zu wollen, was diese zu tun und zu lassen haben. Eine besonders einengende Art von „Freiheitsberaubung" üben dominante Menschen aus, die selbst eher wenige Freunde und Bekannte haben (was mit deren rivalisierendem, andere verdrängendem Verhalten zusammenhängt).

Haben sich diese einen Partner gesucht, der mehr auf andere Menschen zugehen kann, so stellt das kontaktfreudigere Verhalten des neuen Partners zunächst einen Reiz und wenig später schon eine Bedrohung für solche weniger beziehungsfähigen Menschen dar. Das führt dann schnell dazu, das diese bereits nach kurzer Zeit damit beginnen, dem anderen „vorschreiben" zu wollen, seltener bis gar nicht mehr alleine oder mit anderen Freunden wegzugehen. Menschen, die sich in solchen Beziehungen befinden, kommen dann sehr häufig mit Angstzuständen oder Depressionen, seltener mit Zwängen, zur Psychotherapie. Meistens reicht dann nach der ersten Schilderung ihrer Symptome meine Frage, ob und wie gut sie sich wehren können, und die Patienten beginnen von ihren Schwierigkeiten mit ihrem dominanten Partner zu sprechen.

Ein typisches Beispiel eines solchen Konfliktablaufes möchte ich deshalb an dieser Stelle schildern. Herr L. kannte seine Freundin seit gut einem Jahr und wohnte bereits mit ihr bei deren Eltern. „Es war am Osterfeuer, ich wollte zum ersten Mal seit einem Jahr wieder etwas alleine machen, ohne sie. Ich hatte das vorher schon einige Male angesprochen, aber sie hatte mich jedes Mal überredet, lieber etwas mit ihr zu unternehmen. Ich wollte mich diesmal mit Freunden treffen und etwas trinken und mich zurückbringen lassen. Als ich darauf bestand, gab das sofort Streit, den ganzen Tag lang! Bis ich dann gesagt habe, ich fahre jetzt trotzdem! Da hat sie gesagt, wenn du jetzt fährst, dann ist Schluss! Da habe ich dann doch wieder nachgegeben ..."

Wir analysierten zuerst die Konfliktsituation nach dem IWA-Konzept, woraufhin der Patient dann feststellte, es wäre doch ziemlich bescheuert und irgendwie sehr unglaubhaft, wenn seine Freundin sich nur deshalb trennen würde. Nach seinen Erfahrungen mit ihr glaube er das auch nicht wirklich. Und wenn doch, dann müsse es wohl so kommen. Daraufhin nahm er sich vor, das Treffen mit seinen Freunden so bald wie möglich nachzuholen. Anschließend übten wir diese Situation mehrfach im Rollenspiel, in dem ich seine Freundin darstellte, bis Herr L. zufrieden war. Dann bekam er von mir noch als „Hausaufgabe" die Empfehlung mit, diese Situation für sich alleine noch einige Male vor dem Schrank zu üben, bevor er sein Vorhaben seiner Freundin mitteilen würde.

In der nächsten Sitzung erschien Herr L. sehr zufrieden und berichtete, dass er sich damit endlich einmal durchgesetzt habe. „Danach war ich richtig erleichtert, da war so eine riesige Last von mir gefallen, so gut war ich drauf! Als sie merkte, dass ihr Streit mich nicht traf, da hat sie sich immer mehr hochgepowert und mich beleidigt. Und als sie mir wieder mit Schlussmachen drohte, da habe ich einfach zu ihr gesagt: ‚Wenn das so sein soll, dann soll es so sein', und habe mich umgedreht und bin gefahren. Am nächsten Morgen hat man gemerkt, dass sie viel ruhiger war. Obwohl sie dann noch gesagt hat: ‚Oft mach ich das nicht mit!' Und am Abend, als ich von der Arbeit nach Hause kam, war sie ganz lieb und nett! Das Problem ist, dass sie nichts einsieht! Wenn wir streiten, sagt sie oft: ‚Bin ich jetzt wieder schuld?' Was soll ich dann sagen? – Sage ich Ja, geht der Streit sofort in die nächste Runde oder sie fängt an zu weinen!"

Auch diese Situation übten wir im Rollenspiel und Herr L. lernte auch in solchen Situationen, den dann für ihn notwendigen Abstand zu seiner Freundin aufrechtzuerhalten und deren Tränen als versteckten Druck zu identifizieren. Druck, auf den er besser mit Zurückhaltung und Reserviertheit reagierte, um abzuwarten, bis seine Freundin sich „wieder normalisiert". Das half und Herr L. begann die Therapie nach einiger Zeit mit dem Satz: „Im Moment bin ich richtig gut drauf! Das macht sogar richtig Spaß, mich jetzt besser wehren zu können. Im Moment sind wir auf Augenhöhe, das ist wirklich gut!"

Die neunte Übung:

Die Übungen der Effektiven Abwehr sind oft damit verbunden, dass man sich in eine unangenehme Situation hineinfühlt, um noch einmal zu spüren, wie sich z. B. die Kombination von Ärger und Druck anfühlt, auch wenn das ein unangenehmes Gefühl für Sie wäre. Das sich dabei einstellende Druckgefühl erleichtert das anschließende Üben etwas. Stellen Sie sich also den Ärger und den Druck, den Ihr Partner machen würde, wenn Sie sich mit jemand treffen würden, den Ihr Partner nicht mögen würde. Obwohl Sie es rechtzeitig erzählen würden, käme es meistens zum Streit, wenn Sie sich für das Treffen umziehen würden.

Hier nennen wir den druckmachenden Partner z. B. Mike:

Mike

Musst du deine Freundin schon wieder treffen?

Antwort

: Das haben wir doch schon besprochen!
(Die Effektive Abwehr versucht es zuerst mit einem Argument.)

Du telefonierst doch immer mit ihr, warum siehst du sie dann noch dauernd?

: Ach, Mike, hör auf damit.

Weißt du, was du bist? Du bist ja abhängig von der!

: Ach, Mike, das reicht jetzt, ehrlich!

Die Kinder interessieren dich wohl gar nicht?

: Mike, das reicht jetzt! Ich fahre jetzt. Wir sehen uns nachher.
Damit steht sie auf und verlässt den Raum.

: das Abweisen von Vorhaltungen

Auch in dieser Übung richtet sich die Aufmerksamkeit nicht auf den Inhalt, also nicht auf das, was der andere einem vorwerfen oder mit Ärger und Druck verhindern will, sondern erneut ganz konsequent nur auf das Anwenden der drei wichtigsten Grundregeln der Effektiven Abwehr:

1 : kurze Sätze,
2 : sich nur auf Wiederholungen zu beschränken und
3 : nicht mitzukämpfen!

Also nicht dagegenzureden und sich nicht zu rechtfertigen.

Das etwas andere Schlagfertigkeitstraining

Immer wieder kommen Patienten und berichten über schwierige Alltagssituationen, meistens verbunden mit einer gewissen Bitterkeit, dass ihnen etwas so Wichtiges wie eine gute Schlagfertigkeit fehlen würde. Eine von ihnen, Frau W., schilderte mir folgende Situation, die sie wenige Tage zuvor im Supermarkt erlebt hatte:

> „Da stand ich an der Theke und bat die Verkäuferin, das war noch eine Auszubildende, mir den Knochen vom Braten abzulösen, den ich kaufen wollte. Sie ging dann auch nach hinten und fing damit an, als eine neue Kundin kam, die ich sogar ganz gut kannte. Daraufhin ließ die Verkäuferin meinen Braten einfach liegen, kam nach vorne und bediente einfach die neue Kundin, ohne sich weiter um meinen Braten zu kümmern. Und das dauerte und dauerte, die unterhielt sich dann sogar noch mit der. Ich hab dann überlegt, was ich machen sollte. Ich hätte vielleicht einfach gehen sollen, aber ich wollte ja den Braten haben. Ich hab innerlich gekocht vor Wut und brauchte dann zu Hause eine ganze Zeit lang, um mich abzuregen. Ich hab aber nichts rausgekriegt. Nur dass mir zu Hause wieder schwindelig war!"

In der sogenannten „Psychoszene" gibt es immer wieder Angebote, irgendeine Art von Schlagfertigkeitstraining zu absolvieren. Manchmal habe ich danach die Gelegenheit, Patienten zu sprechen, die ein solches Training besucht haben. Doch die meisten dieser Rhetoriktrainings sind nicht sehr erfolgreich oder der Erfolg ist nur von kurzer Dauer. Das liegt mit daran, dass man sich auch auf bestimmte, sich wiederholende Situationen nicht immer einstellen kann, da auch in vertrauten Situationen die handelnden Personen häufig anders als erwartet reagieren. Dann braucht es mindestens noch einen automatisierten, universellen Abwehrsatz.

Zwar wäre die oben geschilderte Situation von außen gesehen ganz gut geeignet gewesen für eine schlagfertige Reaktion, doch da die Patientin innerlich so wütend wurde, baute sich in ihr zusätzlich ein so massiver Druck auf, dass es ihr unmöglich wurde, so gelassen zu bleiben, wie man es wäre, wenn man von außen auf eine Situation draufschauen kann.

Unter starkem Druck ist es eben niemandem möglich, gelassen und damit denkfähig bzw. „schlagfertig" zu bleiben.

Mit dem System der Effektiven Abwehr hätte die Antwort meiner Patientin vielleicht so aussehen können: „Hallo Sie! Das geht aber nicht!" Daraufhin hätte die Auszubildende sehr wahrscheinlich gestutzt und dann irritiert nachgefragt, was sie denn meinen würde. Sie hätte vermutlich ihren Fehler eingesehen und meine Patientin weiter bedient.

Die Antwort der Auszubildenden hätte aber auch so aussehen können: „Das dauert ja viel länger, bis ich den Knochen ganz abgelöst habe, da kann ich doch zwischendurch schnell noch die andere Kundin bedienen." In diesem Fall hätte sich die Patientin einfach nur wiederholt: „Das geht nicht, das ist nicht in Ordnung!" Normalerweise würden sich jetzt 90 % aller Verkäuferinnen wieder dem Braten der ersten Kundin zuwenden, wenn auch vielleicht etwas zähneknirschend.

Das Verhalten der Verkäuferin war ganz eindeutig unfreundlich und abweisend, sie hätte mindestens fragen müssen, ob sie zwischendurch die andere Kundin bedienen dürfe. Auf keinen Fall aber hätte sie mit der anderen Kundin noch über das absolut notwendige Maß hinaus ein Gespräch führen dürfen.

Hätte aber die Verkäuferin nochmals dagegengeredet, z. B. so: „Aber dann staut es sich hier nicht so auf, und die Kundin muss nicht so lange warten", würde man sich mit der Effektiven Abwehr nur noch wiederholen: „Das geht so nicht! Das ist nicht in Ordnung!" Und sollte, was sehr unwahrscheinlich wäre, die Verkäuferin darauf noch immer nicht angemessen reagieren, z. B. mit einem: „Entschuldigung, Sie haben ja recht", dann wäre jetzt der Moment gekommen, um die Situation abzuschließen und sich mit einem „Das reicht jetzt!" umzudrehen und wegzugehen.

Die Effektive Abwehr, wenn man Sie „vor den Kopf stößt"

Das Verhältnis von Frau W. zu ihrem Schwiegervater war durch dessen aggressive Unberechenbarkeit geprägt. Ihm gegenüber fühlte sie sich extrem ohnmächtig und nach Konflikten mit diesem reagierte sie regelmäßig mit heftigen Kopfschmerzen und mit Schwindelattacken.

Die folgende Szene wurde gemeinsam mit Frau W. in Form eines Rollenspiels nachgeübt: „Ich sollte am Wochenende bei meinen Schwiegereltern helfen. Schwiegermutter hatte Geburtstag und ich war dort, um Kaffee einzuschenken. Irgendwann fragte mich ein Nachbar, ob ich noch etwas Tee für ihn hätte, und ich hab Ja gesagt. Da spricht mich mein Schwiegervater von der Seite an, ob ich ihm auch was geben könne. Ich sagte Ja, das könnte ich wohl. Dann fährt er fort und sagt zu mir, ob ich auch genug gemacht hätte für alle Gäste und ich antworte wieder Ja, ich hätte wohl eine große Kanne gemacht. Da fährt der mich plötzlich laut und das vor allen Leuten an: ‚Hör jetzt endlich auf damit, gib mir Kaffee oder Tee, ist doch ganz egal!' Ich war so perplex, ich wusste überhaupt nicht, was ich tun sollte."

Wir stuften diese Situation als eine Extremsituation ein und Frau W. übte im Rollenspiel die Distanz schaffenden Gegenfragen ein:

Schwiegervater (SV)
Hör jetzt endlich auf damit, gib mir Kaffee oder Tee, ist doch ganz egal! :

Frau W.
: Was soll das, Gerd?

SV
Kaffee oder Tee! Mach endlich! :

Frau W.
: Bitte sehr!

188

Hier wird aus der „ausgesuchten Höflichkeit" das Mittel der „entwaffnenden Höflichkeit", da sich der Angegriffene anschließend umdreht und die Situation verlässt.

Mit diesem kurzen Satz, den sie klar und deutlich aussprechen sollte, stellte sie also im Rollenspiel ihre Kanne hin, drehte sich um und verließ den Raum. Anschließend äußerte sie dann ihre Bedenken über diese sehr konsequente Reaktion ihrem Schwiegervater gegenüber: „Dann wäre der doch furchtbar wütend auf mich, dass ich ihn so vor allen Leuten bloßgestellt hätte." Doch dann fuhr sie fort, dass das ja egal sei, da dieser angefangen habe, „das hätten alle Anwesenden verstanden" und außerdem wäre das vielleicht endlich mal eine Möglichkeit, um sich diesem gegenüber „ein bisschen Respekt" zu verschaffen. Beim nächsten Mal würde er sich das bestimmt zweimal überlegen, bevor er sie wieder vor den Kopf stoßen würde.

Volksmund: „Wer den Streit anfängt, muss auch wieder aufhören!"

Die neurotische Abwehr von Komplimenten

Der Begriff „neurotische Abwehr" bedeutet etwas freier übersetzt so etwas wie ein missglücktes Abwehrverhalten, um z. B. eine tiefe, anders nicht zu kontrollierende Angst nicht ertragen zu müssen. Wobei dem Einzelnen das Unsinnige des häufig auffälligen und eigenartigen Verhaltens durchaus bewusst sein kann.

Frau K. (schlank, eher zierlich und gepflegt gekleidet) begann einmal eine Therapiesitzung mit der Feststellung, dass es für sie unverständlich sei, wie extrem widersprüchlich sie mit Komplimenten umgehen würde: „Ich bin perfekt in der Abwehr von Komplimenten, eine Meisterin im Zerstören von Nettigkeiten. Immer wenn ein Mann zu mir sagt: ‚Hast du aber schöne Augen' oder ‚Dein Haar gefällt mir', dann denke ich für mich: ‚Wenn du wüsstest, wie ich sonst aussehe' oder ‚Ach, das sieht der nicht richtig' oder ‚Das sagt der nur so' oder ‚Wenn du nur richtig hingucken würdest.' Stattdessen antworte ich dann: ‚Ja, aber ich hab heute Nacht fast gar nicht geschlafen' oder ‚Ich muss aber dringend zum Friseur.'"

Frau K. antwortet für ihr Gegenüber scheinbar nach der Art eines „Fishing for Compliments". Manche könnten sogar denken, sie „sei affektiert und eingebildet". Und tatsächlich sei ihr das in verschiedenen Situationen auch schon „vorgeworfen" worden. Das dahinterliegende Geheimnis bestand darin, dass im Kopf von Frau K. Teile des Gespräches unausgesprochen abliefen. So sprach sie laut und deutlich lediglich den zweiten Teil des zuvor ausschließlich in ihr selbst geführten Gespräches aus. Zusammenhängend lauteten ihr unausgesprochener und ihr gesprochener Satz so:

: Ich muss dringend wieder zum Friseur!
  („… wenn du wüsstest, wie ich sonst aussehe!")
  Oder
: Ich habe heute Nacht fast gar nicht geschlafen
  („… wenn du richtig hingucken würdest, würdest du das nicht mehr sagen!")

Frau K. „entschuldigte" sich also in Wirklichkeit für ihr Aussehen. Aus unbewusster Angst, den eigenen Ansprüchen nicht zu genügen. Wobei sie diese hohen Ansprüche ihrerseits ihrem Gegenüber unterstellte. In solchen nett gemeinten Gesprächen passierte es also regelmäßig, dass Frau K. unter einen enorm hohen inneren Druck geriet. Druck, den sie sich selber machte. Das Beste für Frau K. wäre also gewesen, wenn sie ganz normal gelernt hätte, Komplimente anzunehmen und diese zu genießen, vielleicht wie einen schönen Strauß Blumen, den ihr ein Verehrer schenken würde. Weil es ihr aber nicht so schnell möglich schien, unbefangener und angstfreier mit den Komplimenten anderer umzugehen, versuchte sie es stattdessen mit der Form des Abgleitenlassens aus der Effektiven Abwehr.

Im Rollenspiel übte sie, wenn ihr ein Mann z. B. ein nettes Kompliment machen würde wie „Du hast aber schönes Haar", als standardisierte Antwort ein einfaches und kurzes

: Danke sehr!
  zu sagen. Oder ein
: Das ist aber nett, danke sehr!

In einer der nächsten Sitzungen kam Frau K. sehr zufrieden in die Therapie und begann das Gespräch mit dem Satz: „Das war für mich wie eine Erlösung! Diesmal hab ich einfach ‚Danke sehr' gesagt. Und danach konnte ich ganz normal weiterreden!" Jetzt hatte Frau K. genau die Ruhe, die sie zur Abwehr und zum Herunterregulieren ihres hohen, selbst gemachten Druckes und ihrer Aufregung in solchen „knisternden" Situationen brauchte.

„Mach ja mein Kind nicht mehr an!"
Die Abwehr von sozialem Mobbing gegen Kinder und Jugendliche

Es gibt wohl nichts Schlimmeres für Eltern, als wenn ihr Kind in der Schule gedemütigt und gepeinigt, also sozial gemobbt wird. Da es viele Kinder sowieso schon etwas schwerer haben, über ihre Gefühle zu reden, erfahren es Eltern häufig erst ziemlich spät, wenn ihr Kind in Not ist. Wenn es schon brennt!

Man würde sich (als Psychotherapeut) wünschen, dass dann alle Beteiligten konsequent an einem Strang ziehen und eine gemeinsame stabile Mauer zur Abwehr von herz- und rücksichtsloser Aggression durch bestimmte Kinder errichten würden.

Stattdessen reagieren (leider) alle Beteiligten entsprechend ihrer eigenen Persönlichkeitsstruktur. Die resoluten Eltern und Lehrer gehen entschlossen und aktiv gegen quälende Kinder und Jugendliche sowie gegen deren eventuell verharmlosende Eltern (und Lehrer!) vor. Die ängstlichen und zaghaftaren Eltern dagegen reagieren unentschlossen und ängstlich und sind damit nicht in der Lage, mobbenden Kindern und Jugendlichen eine wirksame Grenze entgegenzusetzen. Umso erforderlicher ist es dann, dass die betroffenen Kinder selbst lernen, sich angemessen zu wehren. Leider finden sich unter den kindlichen Mobbingopfern viele Kinder, die es selber schwerer haben, sich in andere hineinzufühlen.

Da die Qualität der emotionalen Belastbarkeit zusammenhängt mit der Fähigkeit, sich in die Gefühle und Reaktionen anderer hineinzuversetzen, sind manche Mobbingopfer, die schon von ihrer Anlage her empfindlicher als andere sind, oft gleichzeitig nicht in der Lage, anfangs lediglich genervte Gefühlsäußerungen derjenigen Mitschüler, die später zu Tätern werden, in für sie gewinnbringende Erfahrungen umzusetzen. Damit werden diese Kinder von ihren Peinigern instinktiv anhand ihrer Schwäche als Mobbingopfer erkannt. Aber auch den Peinigern und den Quälgeistern unter den Kindern und Jugendlichen fehlt ein Teil des normalen Einfühlungsvermögens. Auch sie reagieren rasch empfindlich, wenn sie unter Stress geraten oder angegriffen werden, besitzen aber eine größere aggressive Dominanz als ihre Opfer. Konzentrieren wir uns also auf die Opfer, so ist es auch bei kindlichen und jugendlichen Mobbingopfern wichtig, mit den einfachen Mitteln der Effektiven Abwehr dagegenzuhalten.

Zusätzlich unterstützend ist es für gequälte Kinder, in einen Selbstverteidigungs- bzw. Kampfsportverein einzutreten und sich dort ein Gefühl für die eigene Stärke anzueignen. Auch lernen dort diese Kinder und Jugendlichen noch einiges hinzu über das soziale Miteinanderumgehen, über Achtsamkeit und gegenseitigen Respekt.

Doch in den Fällen, in denen es für die gequälten Kinder keine Möglichkeit zur Teilnahme in einem solchen Verein gibt oder diese Kinder nicht dazu zu bewegen sind, einem solchen Verein beizutreten, ist es fast zwingend erforderlich, als Elternteil dem gepeinigten Kind auch körperlich beizustehen. Dort wo Eltern frühzeitig selbst einschreiten, lässt sich Mobbing mit am besten aufhalten. Eine resolute Mutter erzählte mir einmal, dass, als sie davon erfuhr, dass ihr Kind in der Klasse gemobbt werde, sie sich die beiden schlimmsten Übeltäter „gegriffen" und ihnen gedroht habe, „ihnen beide Arme und Beine zu brechen" (ehrlicherweise konnte ich dieser Mutter nur zustimmen).

Ihr Kind lernte anschließend die Standardsätze aus der Effektiven Abwehr sowie die Verzichtsregeln. Eine typische Szene sah also so aus (M. steht für den Mobber, T. für das gemobbte Kind):

M.	T.
Ey, T., du hast dich wieder nicht gewaschen, stimmt's?	Das sagt der Richtige.
Ey, T., du kannst ja sogar den Mund aufmachen, auch wenn da nur Sch… rauskommt!	Selber!
Du bist ja so blöd, so einen Trottel wie dich gibt's ja nirgendwo!	Ja!" (Betont und kräftig ausgedrückt!) T. geht einfach weiter oder schaut aktiv in sein Buch, sein Heft oder in sein Handy. Macht M. weiter, antwortet T.
	Das reicht jetzt, M.!

Geht M. noch weiter auf ihn zu, wendet sich T. zur Seite ab und geht einen Schritt zurück. Gleichzeitig hält er zur Abwehr beide Arme und Hände locker nach vorne (mit den fast senkrecht aufgestellten Handflächen). Geht M. auch jetzt noch auf T. zu, so wiederholt dieser die Schritttechnik und dreht sich im besten Fall im Kreis. Die Wahrscheinlichkeit, dass dieses Vorgehen M. irgendwann zu mühselig wird, ist ziemlich groß. Kommt es doch zu einer körperlichen Aggression, wäre es für T. extrem wichtig, mindestens einen kräftigen Tritt zurückzugeben. Mit aller Kraft!

Dann gibt es zwar vermutlich eine Schlägerei (die das Opfer wahrscheinlich verlieren würde), aber beim nächsten Mal wird es sich M. zweimal überlegen.

Erinnern Sie sich noch an das Prügelknabensyndrom am Anfang dieser kleinen Anleitung?

Ansonsten ist das auch der Augenblick, an dem Sie als Eltern „einschreiten" dürfen. Indem Sie ausnahmsweise bedrohend werden, also mit scharfen Konsequenzen drohen und/oder eine Anzeige bei der Schule und/oder bei der Schulbehörde machen. Außerdem sollten Sie unbedingt den Eltern der mobbenden Kinder einen Besuch zu Hause abstatten. Das mögen diese Eltern nämlich gar nicht! Und wiederholt sich die Situation, wiederholt sich genauso Ihr Vorgehen. Bis der „Quälgeist" genervt aufgibt und das Mobbing aufhört.

Üben Sie mit Ihrem Kind solche Situationen! Auch wenn es das möglicherweise nicht möchte. Es ist notwendig und wird – wenn es konsequent durchgeführt wird – erfolgreich sein. Üben Sie mit realistischen sprachlichen Angriffen. Genauso wie Ihr Kind Ihnen diese berichtet hat. Achten Sie dabei besonders auf Ihre Stimme und auf Ihre Körperhaltung. Beides soll in der Rolle des Angreifers bedrohlich wirken. Seien Sie wirklich überzeugend. Das braucht Ihr Kind zum Üben.

Hinterher schauen Sie gemeinsam Fernsehen oder machen sonst etwas Angenehmes zusammen.

Von den „Schäfchentypen", die angeblich nicht „Nein" sagen können
Druckabwehr für Führungskräfte!

„Manager" und sogenannte „Führungskräfte" sprechen nicht oft über den Druck, dem Sie sich ausgesetzt fühlen. Das liegt unter anderem daran, dass sich viele schon an den Konkurrenzdruck in ihren Reihen gewöhnt haben, sowie daran, dass die Mehrzahl von ihnen Leistung und Arbeit benutzen, um sich emotional zu befriedigen oder sich abzureagieren. Deshalb konzentrieren sich Manager oft weniger auf den Austausch von Nähe und gegenseitigem Verständnis zur emotionalen Befriedigung als andere Bevölkerungsgruppen. Findet ein Manager den Weg in meine psychotherapeutische Praxis, dann meistens über körperliche Symptome wie Schwindel, Panikattacken oder Antriebsarmut, was häufig bei einem Burn-out-Syndrom vorkommt.

Diese Art der ersatzweisen emotionalen Befriedigung ist nach meiner Meinung übrigens geschlechtsunabhängig verteilt, genauso wie es die Verteilung von dominant-aggressivem Verhalten bei beiden Geschlechtern zu sein scheint.

Eine solche „Führungskraft", eine Regionalleiterin einer großen Firma, kam wegen Schwindelsymptomen mit Panikattacken in meine Praxis. Diese traten bevorzugt während ihrer häufigen Autofahrten zwischen den verschiedenen Filialen ihrer Firma auf.

Nach einiger Zeit berichtete sie, dass sie einen Vorgesetzten habe, der sich immer, wenn er in ihr Büro käme, in ihren Sessel setzen würde. Das treibe sie jedes Mal „in den Wahnsinn" und sie habe hinterher immer heftige Kopfschmerzen. Sie habe das letzte Mal versucht, ihn freundlich darauf hinzuweisen, aber er habe das völlig übergangen und gleich geschäftsmäßig mit der Besprechung angefangen.

Bei seinem nächsten Treffen in ihrem Büro habe er sich wieder in ihren Stuhl gesetzt und gleich hinzugefügt: „Ich weiß, dass Sie das nicht mögen, aber ich mache es trotzdem." Daraufhin stellte sie einen zusätzlichen Besprechungstisch in ihr Büro mit der Begründung, dort sei für alle mehr Platz für die Unterlagen. Aber auch das habe ihr Vorgesetzter nur mit einem Lächeln quittiert und ihr empfohlen, den für ihn bestimmten Stuhl beiseitezustellen, damit er freie Sicht auf die anderen habe. Die Patientin reagierte auf ihrer Heimfahrt erneut mit heftigem Schwindel und kam danach sehr niedergeschlagen in die nächste Sitzung.

Da das eine typische Chefsituation war (übrigens mit einem Chef, den sie ansonsten als sehr fair bezeichnete), analysierten wir die Situation zuerst einmal als eine typische Rivalitätssituation, als einen kleinen Machtkampf, der ihr zwar von ihrem Vorgesetzten immer wieder aufgezwungen würde, den sie aber mitzukämpfen versuchte.

Ich „eröffnete" ihr, dass sie, solange sie mitkämpfen wolle, in diesem Kampf vermutlich chancenlos bliebe und ihr seelisches Fass jedes Mal überlaufen würde. Und ob sie sich nicht viel sicherer und stärker fühlen könnte, wenn sie, anstatt mitzukämpfen, gleich mit der konzentrierten Besprechungsarbeit beginnen würde. Das würde ihren Vorgesetzten zwangsläufig von seinen Machtkämpfen ablenken und ihr dabei helfen, keine Energie und keine Kraft mehr mit einem ebenso aussichtslosen wie unproduktiven Konflikt zu verschwenden. Als die Patientin zur nächsten Sitzung erschien, begrüßte mich gleich zu Beginn eine deutlich gestärkte und zufriedenere Frau. Sie hatte beim nächsten „Zusammentreffen" wie eingeübt das Arbeitsgespräch sofort aufgenommen und es so geschafft, Distanz zu einem ihr aufgezwungenen Machtkampf herzustellen.

Im aggressiven Konkurrenzkampf untereinander gehen die meisten „Führungskräfte" davon aus, dass sie „Biss und positive Aggression" zeigen müssten (so eine Empfehlung, die in einem Karriereratgeber zu lesen ist). „Die Schäfchentypen, die nicht Nein sagen könn(t)en", würden nämlich nicht befördert. Viele „Manager" und deren Rhetoriktrainer gehen davon aus, dass das „Neinsagen", also eine erfolgreiche Abwehr, nur aus einem Gegenangriff oder einer Herausforderung bestehen könne. Das kostet diese allerdings sehr viel mehr Kraft, als nötig ist, Kraft, die den meisten irgendwann fehlen wird. Man könnte meinen, das sei ausschließlich eine männliche Variante des Neinsagens, aber das stimmt so nicht!

Dominant-aggressive Frauen in allen Berufen und in allen Schichten verfügen über die gleiche oder ähnliche sprachliche Aggressivität. Neulich sagte ein Patient, der eine ziemlich dominante Lebensgefährtin zu Hause hat: „Seitdem ich gelernt habe, mehr auf Dominanz zu achten, fallen mir überall die dominanten Frauen auf." Dominante Frauen, die in typischen Männerberufen arbeiten, werden in Situationen von entsprechender Herausforderung mit genauso viel „Biss und Aggression" reagieren wie ihre entsprechend dominant veranlagten, männlichen Kollegen. Mit den gleichen ressourcenverschlingenden und letztlich unbefriedigenden Ergebnissen. Und Sie werden dann auch mit den gleichen Krankheiten konfrontiert.

So hat das Rauchen bei Frauen in den letzten Jahren stark zugenommen, etwas, was sicherlich auch mit dem „Vorzeigen" von Dominanz verbunden ist.

Die Patientin jedenfalls, die als Regionalleiterin erst lernen musste, sich nicht in jeden Machtkampf hineinziehen zu lassen, hatte sich mit ihrem ursprünglich dominant-aggressiven Abwehrverhalten bereits so weit verausgabt, dass sie körperliche Symptome entwickelt hatte und eine Psychotherapie benötigte.

Wing Tsun

Im WT lernt der Schüler ebenfalls ablenkende Techniken. Diese haben jedoch nur das Ziel, den Gegner in seiner Konzentration so weit zu stören, dass man selbst in eine handlungs- und entscheidungsfähigere Lage kommt.

詠春

Mit einem oder zwei schnellen, überraschenden Tritten gegen den Ober- und Unterschenkel wird der Blick des Angreifers nach unten gezogen. Damit ist der Weg für den Abwehrenden frei, um sich mit massiven, schnellen „Kettenfaustschlägen" zu befreien und je nach Lage der Dinge den Angreifer entweder kampfunfähig zu machen oder sich aus der Gefahrenzone zu entfernen.

Übung macht den Meister (die Meisterin)

 Teil 5

Demokrit, griechischer Philosoph :

: Es werden mehr Menschen durch Übung erfolgreich
 als durch ihre ursprüngliche Anlage.

Aller Anfang ist schwer

„Aller Anfang ist schwer", wie der Volksmund sagt.

Das gilt manchmal sogar für das von seiner Struktur her so einfache und leicht verständliche System der Effektiven Abwehr. Setzen Sie Ihr Ziel nicht zu hoch an. Es hilft Ihnen nicht, wenn Ihre Erwartungen an einen zu schnellen Erfolg zum Hindernis auf Ihrem Weg dahin werden. Fast alle Patienten, die begonnen haben, ihre Abwehr zu verbessern, berichteten mir nach den ersten Übungseinheiten, dass sie sich zu spät, erst nachdem eine Druck- oder Streitsituation für sie zu Ende sei, daran erinnern würden, einen ihrer Das-Sätze anzuwenden. „Sehr gut, damit befinden Sie sich genau auf dem richtigen Weg!", antworte ich dann. „Üben Sie einfach weiter, und Sie werden merken, dass sich in Auseinandersetzungen der Zeitpunkt, in dem Sie einen Das-Satz einsetzen, ganz allmählich nach vorne schiebt."

Und wenn es Ihnen diesmal noch nicht gelingt, mit den Übungen der Effektiven Abwehr zu beginnen und sich dadurch besser zu wehren, irgendwann werden Sie mit ziemlicher Sicherheit damit anfangen! Vielleicht erst in einem halben Jahr oder in einem oder in fünf Jahren, aber irgendwann, spätestens dann, wenn es für Sie existenziell notwendig geworden ist, werden Sie diese kleine Anleitung wieder herausholen und mit dem Üben wieder anfangen.

Vielleicht gehören Sie einfach zu den Menschen, die einen zweiten oder einen dritten Anlauf brauchen, um zum Ziel zu kommen. Dann finden Sie bestimmt eine neue Gelegenheit, um das Trainingsprogramm in dieser kleinen Anleitung noch ein zweites oder ein drittes Mal zu lesen.

Im Volksmund: „Alles Ding hat seine Zeit."

Aber wenn es Ihr fester Wunsch ist, dann werden Sie es jetzt schon schaffen, sich überall da besser zu behaupten und genügend Abstand herzustellen, wo es für Sie notwendig ist. Sie werden es zwar nicht perfekt können (danach sollten Sie erst gar nicht streben), aber Sie werden es so verinnerlichen, dass Ihnen die Bewältigung aggressiver Konflikte und Drucksituationen erheblich besser gelingt!

Damit sind wir jetzt fast am Ende dieser kleinen Anleitung angelangt. Die letzten Kapitel sind für die Tage gedacht, an denen es Ihnen etwas schwerer fällt, sich für Ihre Abwehrübungen zu motivieren. Wenn die Motivation für unser Streben kleiner zu werden beginnt, dann bemerken wir das häufig erst an den Verzögerungen, den Pausen und Unterbrechungen, die unser Vorhaben plötzlich bekommt. Dann fällt es uns schwerer, den Gedanken „Jetzt könnte ich eigentlich üben" in eine echte Übung umzusetzen.

Sigmund Freud bezeichnete das als Erster mit dem Begriff des „unbewussten Widerstandes" und der Volksmund nennt es gerne den „inneren Schweinehund".

Ein anderes Hindernis könnte sein, dass es einem am Anfang nicht ganz so leichtfällt, sich eine passende Druck- oder Streitsituation aus dem wirklichen Leben vorzustellen, selbst wenn es diese reichlich gibt. Viele Patienten empfinden es auch als ungewohnt, sich einen großen, schweren Schrank als Ansprech- und Übungspartner zu nehmen. Und oft haben meine Patienten auch niemanden, der sie dazu ermutigen könnte, weiterzuüben und nicht aufzugeben, wenn es ihnen mal nicht so gut gelingt.

Und sei es nur, weil der Partner daran kein Interesse hat.

Und dann gibt es auch noch die Phasen, in denen meine Patienten zwar schon ganz gute Erfahrungen mit ihrer effektiveren Abwehr gemacht haben, in denen sie dann aber im Gefühl ihrer gewachsenen Fähigkeit nachlässiger werden. Oder Zeiten, in denen sie bereit sind, wieder mehr nachzugeben, „der Harmonie wegen". Ihr Gegenüber wird es vermutlich zu nutzen wissen und die Auseinandersetzungen und Streitereien, denen Sie ausgesetzt waren, nehmen erneut zu. Nutzen Sie Ihre Selbstanalysefähigkeit und nehmen Sie Ihre Übungen wieder auf. Oder intensivieren Sie sie etwas.

Und ärgern Sie sich ruhig auch über sich selbst, es wird Sie motivieren, nicht behindern.

Das nächste Kapitel dient der Unterstützung und dem Verständnis der Motivation, und wie diese den Schlüssel für das Gelingen all unserer Aktivitäten darstellt. Und in den beiden anderen Kapiteln finden Sie noch einige für Sie hilfreiche Anregungen dazu.

Der Berg in unserem Kopf oder das Nadelöhr der Motivation

Zu allem, was wir machen, alle Pläne, alle Handlungen, jedes Vorhaben, für einfach alles, was wir uns vornehmen, muss – damit wir es erfolgreich umsetzen können – unser Gehirn den dafür benötigten Antrieb bereitstellen. Und damit unser Gehirn das kann, werden alle Pläne, die wir haben, durch den Ewigkeitsspeicher unserer Erfahrungen, den guten wie den schlechten, positiven und negativen, hindurchgeschleust und damit abgeglichen. Das ist das, was man „das Nadelöhr der Motivation" nennen könnte, die Schwierigkeit, uns für das, was wir schaffen oder erreichen wollen, „anzuspornen", uns zu motivieren. Denn nur der für unsere Motivation zuständige Computer in unserem Nervenzellennetzwerk entscheidet, ob uns genügend Energie zur Verfügung gestellt wird, damit wir unser Vorhaben zu Ende führen können.

Grundsätzlich gilt: Je lustvoller, angenehmer, interessanter und reizvoller etwas ist, umso leichter fällt es uns, uns dafür zu motivieren. Umgekehrt bedeutet das, dass je weniger lustvoll, je unangenehmer, uninteressanter und langweiliger etwas für einen ist, es umso schwerer fällt, sich dafür zu motivieren. Am Ende werden manchmal schon kleine Vorhaben zu hohen Bergen, zu unüberwindlichen Hürden. Das gilt auch dann, wenn der Verstand oder die Vernunft einem sagt, dass das, was man vorhat, „eigentlich" sinnvoll, notwendig oder sonst irgendwie gut sei.

In schwierigen Motivationsphasen „drücken" wir unsere Unlust gerne mit den Wörtchen „eigentlich … aber …" aus, womit unser „Unbewusstes" uns und unserem Gegenüber mitteilt, dass die Entscheidung gegen unser Vorhaben schon beschlossen wurde. Um das zu verdeutlichen, stelle ich öfters, wenn Patienten das Wort „eigentlich" verwenden, die Frage, ob denn das, worüber sie gerade reden würden, auch wirklich so gemeint sei und ob es für sie auch ein „uneigentlich" gäbe. Das reicht dann meistens schon, um sich Gedanken über die eigene Motivation zu machen. Aber auch eine mangelnde Motivation soll man „niemandem vorwerfen", denn auch das ist ja zutiefst menschlich.

Die Schwierigkeit mit der (Selbst-)Motivation liegt also in unserer „inneren Einstellung", unseren guten oder schlechten Erfahrungen und der oft unbewussten Bewertung, die wir den Dingen, die für uns wichtig sind, geben. Ob wir unsere Pläne oder Vorhaben als lustvoll und interessant genug ansehen, um uns dafür ausdauernd genug einzusetzen.

Stimmt unsere innere Einstellung nicht, dann werden wir weder unsere Vokabeln richtig und dauerhaft lernen, noch werden wir fleißig, vorbildlich oder gewissenhaft genug an all die vernünftigen Dinge herangehen, die uns helfen und guttun würden. Gutes Zureden, uns selbst Mut zuzusprechen oder uns positive, uns selbst unterstützende Gedanken zu machen, hilft uns dann nicht mehr weiter. Wie in einem Computer werden alle in unser Gehirn eindringenden Sinneseindrücke und Gedanken mit unseren positiven oder negativen Erinnerungen und Erfahrungen abgeglichen. Und je mehr erfolglose Versuche und negative Erfahrungen wir schon gemacht haben, umso schwerer fällt es uns häufig, uns für etwas Neues zu motivieren.

Bedarf es also z. B. zum Erreichen eines Zieles größerer Anstrengung und wird dieses Ziel als nicht genügend lustvoll von unserem Motivationsgedächtnis bewertet, so werden wir uns auf Dauer auch nicht genügend anstrengen, um das Ziel zu erreichen. Selbst wenn wir dieses Ziel für vernünftig oder erstrebenswert halten – unser Motivationssystem gibt uns einfach nicht genügend Energie zum Erreichen dieses Zieles frei und unser Interesse „erlahmt". Dann kann uns eventuell nur noch äußerer Druck, Angst vor schlimmeren Konsequenzen wie die Angst vor schweren, also auch psychosomatischen Krankheiten antreiben. Wenn Ärger und Frust fast zur „Allergie" werden, wenn man „endgültig die Nase voll" hat, wie es eine Patientin einmal ausdrückte. Und wenn absolut nichts mehr in unser seelisches Fass hineinpasst.

Die Frage stellt sich also, was dann noch geht. Das Erste, was Sie sich „klarmachen" sollten, ist, dass die Effektive Abwehr zunächst ein sehr konkretes, überschaubares Ziel hat: den täglichen Druck, der auf Sie ausgeübt wird, und die wiederkehrenden Auseinandersetzungen, denen Sie vielleicht ausgesetzt sind, zu begrenzen! Umgekehrt bedeutet das allerdings, dass je allgemeiner, unverbindlicher oder weiter entfernt, auch zeitlich gesehen, Ihre Zielvorstellungen sind, Sie umso mehr Zeit und Geduld brauchen, um – wenn dann überhaupt noch möglich – Erfolge zu erzielen. Und setzen Sie Ihr Ziel bitte nicht zu hoch an.

Alles Weitere, alle möglichen oder erstrebenswerten Veränderungen in Ihrem Leben, sollte erst nach und nach auf Ihre Tagesordnung gesetzt werden. Darüber hinaus hat die moderne Motivationsforschung [10] herausgefunden, dass positive Begleitgefühle den Lernerfolg erhöhen und unserem Willen den Weg bahnen können. Seien Sie also stolz auf jeden Erfolg! Wirklich auf jeden! Loben Sie sich selbst, so oft es geht. Auch wenn Ihnen das am Anfang genauso ungewohnt vorkommt wie Ihre Übungen vor dem Schrank. Spüren Sie das neue, schöne Gefühl von Freude und Stolz darüber, dass Sie sich anders, besser als bisher gewehrt haben.

Wenn meine Patienten mir schildern, wie sie sich nach den ersten Erfolgen mit der Effektiven Abwehr fühlen, dann klingt das oft so: „Ich geb jetzt nicht mehr so oft nach … dann schreit sie halt herum …" „Ich muss nicht mehr dauernd protestieren, ich geh einfach raus … Danach freue ich mich wie eine Schneekönigin, dass ich das geschafft habe."

Die zehnte Übung :

Malen Sie sich eine Szene aus, in der Sie es geschafft haben, sich erfolgreich mit einem oder mehreren Das-Sätzen zu wehren gegen einen der Quälgeister, die Ihnen so gerne das Leben schwer machen. Und dann wechseln Sie in Gedanken gleich danach zu ihren täglichen kurzen Übungen und den dabei entstehenden Unlustgefühlen. Denken Sie anschließend an die nähere Zukunft: Welche Konflikte werden sich vermutlich wiederholen, wer oder was kommt bald wieder auf Sie zu? Danach überlegen Sie noch einmal, was Ihnen noch ungeübt vorkommt.

Eine weitere Erkenntnis aus der Motivationsforschung ist, dass das häufige Hin-und-her-Wechseln zwischen der positiven Vorstellung einer erfolgreich bewältigten Abwehrsituation und den Schwierigkeiten, die Sie auf dem Weg zu einer erfolgreicheren Abwehr noch zu überwinden haben, hilfreich ist. Also könnten Sie sich z. B. eine Situation vorstellen, in der Sie sich mit Ihren Das-Sätzen erfolgreich gewehrt und behauptet haben. Seien Sie sich gleichzeitig bewusst, welche möglichen Auseinandersetzungen und Machtkämpfe noch auf Sie zukommen können. Planen Sie diese ein und rechnen Sie damit! Legen Sie sich eine Strategie zu, ein generelles Vorgehen, das Ihnen den Weg frei hält, ohne dass Sie selbst zum Angreifer werden.

Erinnern Sie sich aber vorsichtshalber noch einmal an den im ersten Kapitel kurz beschriebenen Fall des Dominik Brunner in München, der sich ohne Not aus einer gut begonnenen Abwehrposition in einen offenen Kampf gegen zwei stärkere Gegner hineinprovozieren ließ.

:Das kann ich schon – das üb' ich noch!

Stellen Sie sich vor, Sie seien ein erfolgreicher Fußballtrainer und beobachten, dass die sogenannten automatisierten Abläufe und die eingeübten Zuordnungen in der Abwehr Ihrer neuen Mannschaft noch verbessert werden können. Stürmt die gegnerische Mannschaft heran, bewegen sich Ihre Spieler noch zu ungestüm, um konsequent ihre Zuordnungen zu den jeweiligen Gegenspielern einhalten zu können. Dann lassen Sie die dafür erforderlichen Abläufe regelmäßiger trainieren!

Schließen Sie diese Übung zuletzt noch einmal mit der Vorstellung ab, dass und wie Sie sich erfolgreich gewehrt haben. Auch dieses „Gedankenspiel" sollte höchstens fünf bis zehn Minuten dauern.

Verlockend wenig! –
Wege zur Selbstmotivation

Jeder Mensch kennt die Erfahrung, dass man gar nicht erst anfängt, wenn einem der Berg, den man überwinden möchte, zu groß erscheint. Dann wird die Unlust, diesen Berg zu besteigen, größer und der Berg erscheint einem bald als unüberwindbar.

Der Volksmund spricht dann z. B. von „schrecklich" viel Arbeit.

Sie können sich die Arbeit aber auch so einteilen, dass Sie Ihre Übungen auf mehrere, kürzere Einheiten verteilen, sodass aus einem höheren Berg mehrere kleine Berge werden. Diese überwinden Sie viel eher. Indem wir unserem „Vorstellungsvermögen" klarmachen, dass die Aufgabe, die vor uns liegt, „verlockend einfach" und „überschaubar" sei, überlisten wir unsere „Unlust". Deshalb wird z. B. in Schulbüchern empfohlen, Vokabeln in mehreren kleinen Abschnitten zu üben.

Wenn ich z. B. in meiner täglichen Praxisarbeit ein längeres Gutachten zu schreiben habe, dann teile ich es gern in zwei Teile ein. Die erste Hälfte, meistens die, für die ich weniger nachdenken muss, bearbeite ich zuerst und mache dann etwas anderes oder lege eine Pause ein. Und irgendwann nehme ich mir dann den zweiten Teil des Gutachtens vor. Damit überliste ich mein Unlustzentrum. Indem ich ihm sozusagen vorspiele, dass ich ja nur die halbe oder eine ganz kurze, geringfügige Arbeit machen müsste bzw. die Hälfte der Arbeit ja schon hinter mir hätte.

Das Gleiche gelingt Ihnen, wenn Sie Ihre Übungen vor dem Schrank in täglich zwei kleinere Einheiten unterteilen, also z. B. in Übungen von nur fünf Minuten Dauer. Auch dann wird Ihr Unlustzentrum eher dazu bereit sein, Energie und Antrieb für Ihre kurze Abwehrübung freizugeben, da es ja einerseits weiß, dass diese Übungen Ihnen guttun und die Kürze der Übung Ihrem Motivations-, Ihrem Unlustzentrum als „verlockend wenig" erscheint.

Darüber hinaus hat es sich als hilfreich erwiesen, einen größeren Wand- oder Tischkalender an einer täglich gut sichtbaren Stelle „zu postieren", als „Aufpasser" sozusagen. Darin markieren Sie im Voraus für z. B. zwei Wochen mit einem kräftigen roten Filzstift einen oder zwei Schrägstriche jeweils an den beiden oberen und unteren Enden eines jeden Tages. Um dann nach erledigter täglicher Übungsarbeit einen oder zwei gegenläufige Schrägstriche hinzuzufügen. Also ein Kreuz daraus zu machen. Diese Art täglicher Erinnerung an zu erledigende Übungen ist Aufforderung und „positiver" Druck zugleich.

Vermutlich werden Sie trotzdem Strichlücken entdecken, aber diese fallen Ihnen dann eben „unangenehm" auf. Und das wird Sie zunehmend „kratzen". Vielleicht sogar ärgern. Gut so! Hauptsache, es hilft Ihnen bei Ihrer Aufgabe!

„Teilen und herrschen" Sie also über Ihre Unlust!

Das Gleiche funktioniert natürlich auch mit Ihrem Computer: Richten Sie sich doch einen „Notizzettel" für Ihren Desktop ein, der Sie beim Hochfahren Ihres PCs oder Laptops z. B. mit den Worten begrüßt: „Hast du heute schon geübt?" Eine weitere Möglichkeit besteht darin, alte und unangenehme Bilder mit neuen positiv besetzten Bildern zu überschreiben. So werden aus negativen Erfahrungen positive. Also Misserfolgen Erfolge und negativen Eigenschaften positive Eigenschaften gegenüberzustellen.

Die meisten Menschen haben viel weniger negative Eigenschaften, als sie selber von sich „annehmen".

Auch Belohnungen haben eine wichtige Aufgabe. Sie locken Ihre Motivation, stellen also eine Art Ersatz für den nicht ausreichenden Reiz mancher Übungen dar. Deshalb spendieren Sie sich anfangs regelmäßig und nach einiger Zeit in unregelmäßigen Abständen eine kleinere oder manchmal auch eine größere Belohnung. Nehmen Sie sich das Wochenende „frei" oder genießen Sie etwas zur Entspannung oder, oder, oder …

Im Sport ist es häufig so, dass ein Trainer dem zu Trainierenden das Ziel als für diesen erreichbar vor Augen hält: „Ich seh dich schon da oben!" (auf dem Siegespodest). „Das da ist dein Platz, da gehörst du hin!" Dieser Trainer muss allerdings selbst dran glauben können, sonst bleiben es leere Worte und die Bilder wirken nicht.

Ein jugendlicher Patient, der wegen starker Unsicherheiten und Nervosität im Umgang mit anderen in meine Praxis kam, erzählte mir, dass er das Boxen angefangen habe, um sich gegenüber anderen Jugendlichen in seinem Stadtteil behaupten zu können, aber dass es ihm trotzdem schwerfiele, sich für das Training vorzubereiten und sich auf dem Weg dahin zu machen.

Ich bat ihn, sich im Detail einmal vorzustellen, wie es wohl aussehen würde, wenn er sich mit dem Boxen endlich gegen einen der Jugendlichen durchsetzen könnte. In diesem Moment veränderte sich das Gesicht des Patienten, sein Gesicht hellte sich auf und er strahlte bei dieser Vorstellung von sich selbst. Dieses Bild von sich selbst als Sieger wirkte – mein Patient ging von da an wieder regelmäßig zum Boxtraining.

Eine andere Patientin schilderte mir – mit einem breiten Strahlen im Gesicht – ihre Gefühle beim ersten erfolgreichen Üben in der Öffentlichkeit (sie wollte das Sichvordrängeln in der Bäckerei nicht mehr hinnehmen) so: „Beim ersten Mal schlug mir das Herz noch bis zum Hals, aber danach, beim zweiten und dritten Mal, da wurde es immer leichter …"

Der Gedanke „Das schaffe ich auch!", dass Sie die auf Sie zukommenden Auseinandersetzungen und Machtkämpfe mutiger und erfolgreicher angehen als bisher, und wie Sie das bewältigen, auch das könnte für Sie eine sehr hilfreiche Motivation werden.

Also machen Sie sich doch ein spannendes und erfolgreicheres Bild von sich selbst! Davon, wie Sie sich schon beim nächsten Mal effektiver und erfolgreicher gewehrt haben. Und beim übernächsten Mal! Und noch etwas zum Faktor Zeit: Seien Sie großzügig zu sich selbst und denken Sie daran, dass Dinge, für die man etwas mehr Zeit braucht, meistens auch besser behalten werden. Eine schnell durchgeführte Diät zieht dagegen fast immer den sogenannten „Jo-Jo-Effekt" nach sich. Das, was man zu schnell an Gewicht verloren hat, hat man auch schnell wieder zurück!

Positive Lebenserfahrungen, die Sie über einen längeren Zeitraum und mit eigener Anstrengung machen, werden von Ihrer Psyche besser verarbeitet und wirken viel nachhaltiger.

Wing Tsun

Kurz vor dem Ende dieser kleinen Anleitung möchte ich Ihnen noch einige Formen aus dem „Qigong", eine chinesische Meditations- und Konzentrationsform zur ganzheitlichen Erhaltung der Gesundheit, des sogenannten „Qi", vorstellen, das zur Entspannung und zur Stärkung des eigenen guten Gefühls verwendet wird und auch im Selbstverteidigungs-Kampfsport Eingang gefunden hat.

„Es ist besser, Gesundheit zu erhalten, statt Krankheit zu heilen."

Dazu gehört z. B. das chinesische Schattenboxen, das Tai-Chi, das im Chinesischen auch Taijiquan genannt wird. Hier geht es ebenfalls um weiche, fließende Bewegungen. Man kann mit ihnen bestimmte Formen, sich bewegende Figuren und Bilder nachstellen.

Etwas, das ich selber aus meinen WingTsun-Übungen abgeleitet habe und das ich gerne zu meiner eigenen Entspannung mache, sind langsame, weiche und ebenfalls fließende Bewegungen, die ich mit geschlossenen Augen und aus einem sicheren Stand heraus durchführe. Dann stelle ich mir Bewegungen vor, die zur imaginären Abwehr eines langsam von außen auf mich zukommenden Gegners geeignet sind. Dazu passen sehr gut abwehrende Gesten wie eine abweisende oder abwehrende ausgestreckte Handfläche.

詠春

Diese kombiniere ich mit der zur Faust geformten anderen Hand. Dann gebe ich allmählich den Impulsen meiner augenblicklichen Stimmung nach und kombiniere abwehrende und einladende Bewegungen miteinander. Der Fantasie sind hier keine Grenzen gesetzt. Aber alles geschieht immer weich und fließend, ohne jeden Druck. Das Schließen meiner Augen hilft mir zusätzlich dabei, das Weiche und Fließende meiner Bewegungen besser zu spüren. Diese Entspannungsübung nimmt nur wenig Zeit in Anspruch, vielleicht fünf bis zehn Minuten, mehr nicht. Aber es hilft z. B., sich wieder besser auf eine Arbeit oder auf das, was man sonst gerade macht, zu konzentrieren.

Und wenn ich zugleich entspannt und kreativ denken möchte, so gehe ich gerne nach draußen und jogge 15 bis 20 Minuten in ruhigem Lauf oder gehe etwas länger für mich alleine spazieren. Auch danach sind dann meine Energiespeicher wieder etwas aufgefüllt.

Und meldet sich mein Arbeitsspeicher und gibt mir zu verstehen, dass er bald voll ist (das macht er, indem er mich müder und unkonzentrierter werden lässt), dann versuche ich nach Möglichkeit, mich etwas hinzulegen und ein wenig zu schlafen. Nicht lange, aber gerade so viel, dass mein Arbeitsspeicher wieder genügend Platz für seine Aufgaben zur Verfügung hat.

Der Weg wird zum Ziel …

六 Teil 6

: Nur wer ein Ziel hat, kann sich ihm auch nähern …

Das Ende der ersten Etappe …

Das Ende Ihres neuen Weges haben Sie noch nicht erreicht, aber dafür ein sehr wichtiges Etappenziel. Zur „Belohnung" erhalten Sie hier noch einmal die wichtigsten Das-Sätze und Regeln der Effektiven Abwehr im „Schnelldurchlauf".

Ihre Belohnung besteht im Ersparen von Zeit!

Die wichtigsten Standardabwehrsätze sind:

: Das passt jetzt nicht!   Das passt (so) nicht!
: Das geht jetzt nicht!   Das geht (so) nicht!
: Das stimmt nicht!   Das stimmt so nicht!
: Das bringt jetzt nichts (mehr)!
: Das reicht jetzt!   Das reicht jetzt, Ende, aus!

Dann gibt es auch noch diese Sätze:

: Das bringt doch (überhaupt) nichts!
: Das hat keinen Sinn!
: Das wird jetzt zu schwierig!
: Das geht jetzt schief!
: Das wird (jetzt) zu viel!
: Das geht (jetzt) zu weit!

Und diese Reaktionen sind auch noch möglich:

: Was soll das?
: Was ist los?
: Ah, ja!
: Aha!
: Okay …

Und zuletzt noch der Satz:

: Das sagt der Richtige!

Und die grundlegenden Regeln für eine Effektive Abwehr stehen hier auch noch einmal zusammengefasst:

1 : Beschränken Sie sich auf Wiederholungen!

2 : Machen Sie sich unangreifbar! Fassen Sie sich deshalb kurz!

3 : Sie können jemanden, der aggressiv ist, nicht überzeugen!

4 : Verzichten Sie auf das Mitkämpfen! (Der, der den Streit beginnt, ist im Streit sowieso der Erfolgreichere!)

5 : Verzichten Sie im Streit und unter Druck auf die Verwendung persönlicher Fürwörter wie z. B. auf das „Ich" und das „Du"!

6 : Prägen Sie sich einen (Standard-)Satz gegen Kränkungen und Beleidigungen ein wie z. B.: Das sagt der Richtige!

7 : Beachten Sie die besonderen Regeln, die für den Umgang mit Vorgesetzten, Chefs, Lehrern und ähnlichen Autoritätspersonen gelten.

Und machen Sie sich bitte immer wieder klar, dass Sie den anderen, der sich aggressiv verhält, nicht überzeugen, nicht besiegen und (kurzfristig) im Verhalten auch nicht ändern können! Es ist deshalb auch unrealistisch, zu hoffen, dass der andere ganz mit dem Druck oder den sonstigen Aggressionen aufhören wird. Beides ist nicht das Ziel einer guten Abwehr. Eine gute Abwehr wird Sie vor den Angriffen und den Gemeinheiten anderer schützen, und das ist genau das, was die meisten Menschen in ihrem Leben wirklich gut beherrschen möchten.

Bildlich gesprochen schützt eine gute Abwehr davor, dass ein anderer Ihre Abwehr überwindet und mit seinen Schlägen oder Treffern „durchkommt".

Dadurch lassen sich häufig auch die friedlicheren Phasen zwischen einzelnen Konflikten verlängern und es kommt wieder mehr „Ruhe ins Spiel". Zusammengefasst bedeutet sich richtig wehren zu können also nicht, alle Probleme aus dem Alltag beiseitegeräumt zu haben. Es hilft auch nicht dabei, eine enttäuschende und lieblose Partnerschaft wieder zusammenzuführen.

Aber es hilft, dass man sich sicherer und angstfreier vor dem Druck, der Wut und den anderen Formen von Aggressionen des Gegenübers fühlt. Dass Sie Kränkungen nicht mehr persönlich nehmen, sondern diese als eine „idiotische Aggression eines völlig bescheuerten oder unsympathischen Menschen" verstehen. Und dass Sie in Zukunft dazu fähig sind, in belastenden Drucksituationen „mehr auf Abstand zu gehen". Sich mit weniger Niederlagen und weniger seelischen Schmerzen aus einer schwierigen Situation oder einer vielleicht aussichtslosen Beziehung zu lösen, sich unabhängig(er) zu machen und möglicherweise sich manchmal auch zu trennen, wenn nichts anderes mehr gehen sollte.

Das „Lösen" von Konflikten und Problemen, ganz gleich ob sprachlicher oder gewalttätiger Natur, gelingt am besten in einer etwas abwartenden Haltung. Lösungen finden sich meistens auch erst dann, wenn man den dazu „notwendigen" Überblick gewonnen hat. Solange Sie sich also „mitten im Gefecht" befinden, wird Ihnen das vermutlich nicht gelingen! Und ohne ein Mindestmaß an Abstand und Distanz in aggressiven Situationen gibt es auch keinen Schutz vor unangenehmen „Treffern" oder „Tiefschlägen"! Stürmt man dagegen nach vorne, reibt man sich in endlosen, zermürbenden Kämpfen auf, „verbeißt" man sich in das Problem oder „bringt sich sonst wie unüberlegt in Gefahr", wird das Risiko zu verlieren oder krank zu werden fast immer unkontrollierbar. Und das ist genau das, was man ja nicht (mehr) will!

Das ist das Grundsätzliche, das die (sprachliche) „Effektive Abwehr" und eine gute Selbstverteidigungsabwehr gemeinsam haben.

Ein allerletzter Hinweis noch: Gehen Sie anfangs davon aus, dass vermutlich eine mehr oder weniger kurze Phase auf Sie zukommt, in der der Gegendruck Ihres aggressiven Gegenübers, Ihres Chefs, Ihres Arbeitskollegen oder Ihres Quälgeistes zu Hause zunehmen wird. Das könnte z. B. in Form von Missachtungen, „Links-liegen-Lassen", Trennungsdrohungen oder dem In-Zweifel-Ziehen Ihres Arbeitsplatzes geschehen.

Der Volksmund sagt dann zur Beruhigung: „Hunde, die bellen, beißen nicht." Auch da ist sehr viel Wahres dran.

Doch sollten Sie sich dadurch erneut mit in den Streit hineinziehen lassen, geben Sie wieder etwas von Ihrer Kontrolle und von Ihrer „Schlachtordnung" auf. Allerdings gewinnen Sie bereits in dem Moment, in dem Sie das bemerken, Ihren klaren Verstand zurück! Und können sich erneut auf Ihre gelernten Techniken der Effektiven Abwehr konzentrieren. Trainieren Sie Ihre Das-Sätze noch einmal etwas häufiger, und der Erfolg wird wieder spürbar sein!

Dann können Sie sich mit dem hier vorgestellten System der Effektiven Abwehr wieder etwas mehr um das eigene gute Gefühl kümmern. Damit realisieren Sie in Zukunft deutlich mehr von Ihren eigenen Wünschen und Vorstellungen, z. B. wie Sie Ihre Partnerschaft oder Ihre Beziehungen am Arbeitsplatz gestalten wollen. Sie übernehmen wieder selbst das Steuer und erreichen damit, dass Sie nicht (mehr so oft) von anderen überrannt werden. Dass Ihnen unangenehme Situationen nicht mehr so schnell aufgezwungen werden können. Das vergrößert Ihre Handlungsfähigkeit und macht Sie viel selbstsicherer! Und dann „lehnen" Sie sich vielleicht genauso „zurück" wie meine Patienten und beobachten, wie Ihre Quälgeister mit der neuen Situation zurechtkommen.

Ein Patient „schenkte" mir zum Abschluss seiner Psychotherapie noch folgende kleine Anekdote: Er habe kürzlich eine Freundin getroffen, die ihn gefragt habe, wie es ihm denn mit seinen Problemen gehe? Daraufhin habe er ihr geantwortet: „Ich habe keine Probleme mehr, ich habe jetzt eine gute Abwehr!"

Damit haben Sie jetzt das erste Etappenziel auf Ihrem neuen Weg hin zu einer bessern, weil erfolgreicheren Abwehr erreicht. Ein Weg in eine etwas ruhigere, druck- und aggressionsfreiere Zukunft mit einer stabilen Abwehr, die Sie beschützen wird wie zwei sichere, feste Geländer zu beiden Seiten Ihrer Persönlichkeit. Gegen fast jede Art von Druck, Übergriffen, Gemeinheiten und sonstigen Aggressionen!

Dabei wünsche ich Ihnen von ganzem Herzen sehr viel Erfolg und hoffe, Sie hatten eine genauso schöne, spannende und unterhaltsame Zeit beim Lesen dieser kleinen Anleitung, wie ich sie hatte beim Schreiben dieses Buches.

Ihr
Peter Räfle

Anmerkungen - Literatur

01 : Kindt, H.; Berger, M.: „Selbsterfahrung – essenziell oder verzichtbar?", in: Neurotransmitter 3/2009, S. 13–14

02 : Obama, Barack: „Hoffnung wagen", Riemann, München 2007

03 : Tsuchiya, N.; Koch, C.: „Continuous Flash Suppression Reduces Negative Afterimages", in: Nature Neuroscience 8(8), 2005, S. 1096–1101

04 : McLaughlin, K.A. et al.: „Responses to Discrimination and Psychiatric Disorders Among Black, Hispanic, Female, and Lesbian, Gay, and Bisexual Individuals" , in: Am J Public Health. 2010/8; 100(8): 1477-1484.

05 : Rodrigues, Sarina (University of California, Berkeley) et al.: „Oxytocin receptor genetic variation relates to empathy and stress reactivity in humans", PNAS, DOI: 10.1073/pnas.0909579106

06 : Wang, H.-P. et al.: „Syndromy of Thalamocortical Inputs Maximizes Cortical Reliability", in: Science 328, 2010, S. 106–109

07 : Thiel, Aylin et al.: „Waschzwang", in: Neuro aktuell 8/2009, S. 25–29

08 : Interview mit Sebastian Vettel in „Der Spiegel" Nr. 29/2010, S. 112–114

09 : Gerhard Roth in einer Sendung des SWR 2: „Mehr Motivations-Wege aus der Sackgasse", vom 13. August 2006 (Manuskriptdienst des SWR 2)

10 : Martens, Jens-Uwe; Kuhl, Julius: „Die Kunst der Selbstmotivierung", 3., aktualisierte und erweiterte Auflage, Kohlhammer, Stuttgart 2009

Autorenporträt

Der Autor arbeitet als Psychiater und Psychotherapeut in eigener Praxis. Er verbindet in seiner Arbeit sowohl verhaltenstherapeutische als auch psychoanalytische Ansätze und hat darauf aufbauend das Konzept der „Effektiven Abwehr" gegenüber negativem Stress, Druck und Aggressionen aller Art entwickelt. Schwerpunktmäßig ist er damit auf das Thema der sogenannten Resilienz, der Wiederherstellung psychischer Widerstandsfähigkeit spezialisiert. Neben seiner therapeutischen Arbeit hat er langjährige aktive Erfahrungen mit der Selbstverteidigungs-Kampfsportart des WingTsun-Kung-Fu.

„Wem ich gern danken möchte"

Am liebsten in chronologischer Reihenfolge und zwar zuerst meiner Frau Heike, die mich immer dann, wenn ich in Versuchung war, nach einem anstrengenden Arbeitstag das Wing Tsun-Training ausfallen zu lassen, dazu motiviert hat, doch noch mit zum Training zugehen und das über viele Jahre.

Bei unserem gemeinsamen Wing Tsun-Trainer Sebastian Schlappa von „Fight-sports Minden", der als Trainer das besitzt, was einen guten Trainer ausmachen sollte, nämlich genau das richtige Maß an Einfühlungsvermögen, dass man sich als Trainierender im Kampfsport wünscht. Dann kommen die vielen netten Menschen, mit denen ich die ganzen Jahre trainieren durfte, von denen ich hier stellvertretend für alle anderen Thomas Lingner nennen möchte, der uns darüber hinaus auch als Physiotherapeut behilflich war.

Und vom Carl Hanser Verlag Frau Aurnhammer, die so nett war, meine fehlgeleitete Mail an den richtigen Ansprechpartner weiterzuleiten. Dieser heißt Martin Janik, der als Lektor mit einem sehr guten Gespür nicht nur immer sehr sympathisch auf meine Wünsche reagiert hat, sondern der darüber hinaus auch eine große Begabung als Mediator hat. Und bei Prof. Victor Malsy, der die grafische Darstellung mit viel Durchsetzungsvermögen unterstützt hat, sowie bei Herrn Thomas Quack und Herrn Thomas Wirtz, die beide mit sehr viel Geschick dieses Buch in Form gesetzt und illustriert haben.

Gestaltung des Buches

Dank der Kooperation des Carl Hanser Verlages mit der Fachhochschule Düsseldorf ermöglichte der Kurs „Bücher machen" des Fachbereiches Design Studenten zum zweiten Male, die Konzeption und Umsetzung einer Buchgestaltung in enger Zusammenarbeit mit Verlag und Autor zu erfahren. Wir freuen uns, mit der Gestaltung dieses Buches an diese Projektreihe anschließen zu dürfen.

Es war uns ein Anliegen, eine Gestaltung auf vorliegendes Buch anzuwenden, welche sowohl dem Thema als auch dem Schreibstil des Autors gerecht wird. Entstanden ist ein Konzept, dessen Typografie in enger Abstimmung mit den Illustrationen dem Leser auf unterstützende und gleichzeitig unterhaltsame Weise den Inhalt des Buches nahebringen soll.

Zwischenmenschlichkeiten, Gemütszustände, Konflikte offenbaren sich in den mal mehr, mal weniger offensichtlichen Rorschachtests. Diese zu identifizieren und zu bewerten fällt oft nicht leicht, so wie es auch der Autor bei den realen Situationen des Alltags

Thomas Quack :

geb. 1982, studiert Kommunikationsdesign an der Fachhochschule Düsseldorf.

Lebt in Köln und arbeitet dort neben dem Studium freiberuflich als Gestalter.

www.thomasquack.de
info@thomasquack.de

anschaulich beschreibt. Die Illustrationen zeigen unter anderem Aktion und Reaktion, Angriff und Verteidigung in den unterschiedlichsten Varianten und Details; ein Gestaltungs-System speziell für das Buch als Medium, welches dem Betrachter stets eine linke und eine rechte Seite an Information offenbart.

Der Text mit seinen Erfahrungsberichten, wissenschaftlichen Ausführungen, und weiteren themenbezogenen Auszügen aus vielerlei Bereichen ist durch klar ersichtliche Abstände differenziert, die es dem Leser ermöglichen, sich bei der Reise, so wie es der Autor einleitend nennt, auch in andere Gebiete begeben zu können, ohne den eigentlichen Weg aus den Augen zu verlieren.

Abstand ist ein zentrales Wort dieses Buches und eben jener ist auch in der typografischen Gestaltung angewandt worden, um dem Leser eine Orientierungshilfe zu geben.

Wir bedanken uns für die vertrauensvolle Zusammenarbeit mit Herrn Dr. Räfle und Herrn Martin Janik, für die fachliche Betreuung durch Herrn Professor Malsy, für die tatkräftige Unterstützung von Frédéric Wiegand, sowie den zahlreichen Modellen, die unseren Illustrationen Leben eingehaucht haben.

: *Thomas Wirtz*

geb. 1981, studiert Kommunikationsdesign an der Fachhochschule Düsseldorf

Lebt in Düsseldorf und arbeitet dort neben dem Studium freiberuflich als Gestalter.

www.thomaswirtz.net
info@thomaswirtz.net